Anonymous

Die fünfzehnte Erzählung der Vetâlapantschavinçati

Sanskrittext mit Uebers. und Anmerkungen von H. Uhle. Progr., Gymn.

zum heiligen Kreuz in Dresden.

Anonymous

Die fünfzehnte Erzählung der Vetâlapantschavinçati
Sanskrittext mit Uebers. und Anmerkungen von H. Uhle. Progr., Gymn. zum heiligen Kreuz in Dresden.

ISBN/EAN: 9783337413491

Hergestellt in Europa, USA, Kanada, Australien, Japan

PROGRAMM

des

Gymnasiums zum heiligen Kreuz

in Dresden

womit

zu dem Valedictions-Actus

am 20. März

und zu den öffentlichen Prüfungen der Klassen

am 21. und 22. März

ergebenst einladet

das Lehrer-Collegium.

Erste Abtheilung:
Die fünfzehnte Erzählung der Vetâlapantschavinçati. Sanskrittext mit Uebersetzung und Anmerkungen von Dr. Heinrich Uhle.

Zweite Abtheilung:
Schulnachrichten vom Rector.

Dresden,
Lehmann'sche Buchdruckerei.
1877.

Die fünfzehnte Erzählung der Vetâlapantschavinçati.

Sanskrittext mit Uebersetzung und Anmerkungen.

Seit den epochemachenden Forschungen Theodor Benfeys über die Herkunft und Verbreitung orientalischer Märchen — Untersuchungen, welche der genannte Gelehrte grösstentheils in der umfangreichen Einleitung zu seiner Uebersetzung des Pantschatantra, jener grossen indischen Märchensammlung, niedergelegt hat — ist es eine fast allgemein anerkannte Thatsache, dass ein sehr grosser Theil der Märchenstoffe der europäischen Völker aus Indien stammt, von wo aus sie durch Vermittelung der Völker Westasiens, besonders der Araber und der Mongolen, zu uns gelangt sind. Es ist daher für das ganze Gebiet der vergleichenden Märchenforschung, welches jetzt mit so grossem Eifer angebaut wird, von nicht unwesentlichem Interesse, die indischen Märchen in ihrer ursprünglichen Fassung, wenigstens in der letzten uns erreichbaren Form kennen zu lernen, wie sie in den verschiedenen in Sanskrit abgefassten Märchensammlungen vorliegt.

Aber von mehreren dieser Sammlungen sind nur erst einzelne Bruchstücke im Sanskritoriginal veröffentlicht worden, von anderen sind bisher nur die Namen bekannt. Dagegen ist vor einem Jahrzehnt die Publication eines sehr reichhaltigen Sammelwerkes, allerdings von verhältnissmässig jungem Ursprung, vollendet worden, des Kathâsaritsâgara (d. h. Meer der Märchenströme) des Dichters Somadeva, der im zwölften Jahrhundert unserer Zeitrechnung lebte. In dieses riesige Werk nun, das nach der Zählung seines Herausgebers Brockhaus ungefähr 45000 Verszeilen enthält, das heisst zwei Drittel mehr als Ilias und Odyssee zusammengenommen, ist auch eine kleinere, schon damals vorhandene Märchensammlung mit hinein verarbeitet, welche in ihrer prosaischen Fassung aus den Handschriften bekannt zu machen ich mir zur Aufgabe gesetzt habe: die Vetâlapantschavinçati, d. h. fünfundzwanzig Erzählungen eines Vetâla oder Dämon. Davon soll im Folgenden vorläufig die fünfzehnte Geschichte in verschiedenen Redactionen mitgetheilt werden.

Die Erzählungen des gesprächigen Todtengespenstes werden manchem Leser nicht ganz unbekannt sein; denn abgesehen von früheren Publicationen Benfeys im „Ausland" hat in derselben Zeitschrift im Jahre 1867 Oesterley die meisten dieser Geschichten in einer deutschen Uebersetzung, welche auf der Bearbeitung im Hindidialecte beruht, veröffentlicht, und im Jahre 1873 hat derselbe die vollständige Uebersetzung nebst Einleitung und Anmerkungen besonders herausgegeben unter dem Titel Baitál Pachísí*) oder die fünfundzwanzig Erzählungen eines Dämon. Auf jene Einleitung verweise ich betreffs der verschiedenen Bearbeitungen und Uebersetzungen des Sanskritoriginals, und beschränke mich hier darauf das anzugeben, was über das Original selbst und die davon vorhandenen Handschriften zu sagen ist.

Zunächst ist zu bemerken, dass die prosaische Darstellung der Vetâlapantschavinçati in drei verschiedenen Redactionen existirt. Davon ist die am meisten bekannte und durch die meisten Handschriften vertretene die des Çivadâsa, eines Schriftstellers, über dessen Zeitalter man so im Ungewissen ist, dass man nur etwa das sechste und das zwölfte Jahrhundert unserer Zeitrechnung als die äussersten Grenzen dafür angeben kann.

*) Baital Pachísí ist neuindische Form für das sanskr. Vetâla-Pancavinçati.

Von den Handschriften dieser Redaction nenne ich zuerst die drei Londoner *A*, *B* und *C*, aus denen Lassen den Text der einleitenden Erzählung und die fünf ersten Erzählungen des Vetâla constituirt und in seiner Anthologia sanscritica veröffentlicht hat; die beiden ersteren dieser Handschriften sind mir, zusammen mit einer später zu erwähnenden, durch die dankenswerthe Liberalität der Bibliotheksverwaltung des India Office zu längerer Benutzung überlassen worden, die dritte, *C*, scheint abhanden gekommen zu sein, wie schon aus einer Notiz Gildemeisters in der Vorrede zur zweiten Auflage von Lassens Anthologie (im Wiederabdruck in der 3. Aufl. von 1867 S. 17) hervorgeht. Ausserdem habe ich sechs Handschriften aus dem Privatbesitz des Herrn Fitzedward Hall, eines der bedeutendsten englischen Sanskritgelehrten, durch Vermittelung des Prof. Brockhaus in Leipzig, meines hochverehrten, jetzt schmerzlich betrauerten Lehrers, der mich überhaupt zur Bearbeitung dieser Märchensammlung bestimmt hat, ausgiebig benutzen können. Fünf davon sind von Gildemeister, der sie für die dritte Auflage von Lassens Anthologie verglich, mit den Buchstaben *a b c d e* bezeichnet und, ebenso wie die sechste, erst mit dem Schluss der elften Erzählung beginnende, welche ich mit *g* bezeichne, Seite XIV f. der Vorrede beschrieben worden.

Eine zweite Recension ist die der Hall'schen Handschrift *f*, welche ebenfalls von Gildemeister benutzt und a. a. O. beschrieben worden ist. Derselbe sagt davon: *f* narrationem praebet a reliquis diversam, prorsus decurtatam, distichis non interruptam et magis cum versione Hindica convenientem. Aber er erwähnt nicht, wozu er dort auch keine Veranlassung hatte, dass sie an manchen Stellen auch eine ausführlichere Darstellung enthält, als die andern Handschriften, und, was uns hier wichtig ist, dass darin nicht, wie in den andern regelmässig am Schlusse jeder Erzählung geschieht, Çivadâsa als Verfasser genannt wird. Es heisst hier immer nur: iti prathama-kathâ, iti dvitîya-kathâ (so ist die erste, so ist die zweite Geschichte) u. s. w., und am Schlusse, der allerdings verstümmelt ist, steht: iti vikramâditya-kathâ samâptâ (so ist die Geschichte von Vikramâditja — das ist der König, welchem der Vetâla die Geschichten erzählt — vollendet). Nach der vierten Erzählung ist, wie in der sogleich zu erwähnenden Recension, die dreiundzwanzigste eingeschoben, daher unsere fünfzehnte hier die sechzehnte ist. Vorbehältlich einer eingehenderen Vergleichung dieser Recension mit den andern, als ich sie bisher habe anstellen können, muss ich für jetzt den Text von *f* als eine selbständige Fassung betrachten.

Die dritte Recension hat zum Verfasser den Dschambhaladatta, von dessen Lebenszeit wir ebensowenig Sicheres wissen, wie von der des Çivadâsa. Von dieser Fassung ist im Jahre 1873 in Calcutta eine Ausgabe im Druck erschienen, „compiled", wie es auf dem Titel heisst, „by Pandit Jibananda Vidyasagara", und mit derselben stimmt fast völlig überein eine in schönen bengalischen Characteren geschriebene neue Handschrift der India Office Library, Nr. 3106 A, die ich mit Beng. bezeichnen werde. Sie hat zum grössten Theile, von Blatt 11 an, dunkelgelbes Papier, sehr langes schmales Format, 41 Blatt (der Schreiber zählt fälschlich 39, da er die Foliumzahlen 15 und 27 zweimal verwendet) von je 7 Zeilen auf der Seite. Von unserer Erzählung fehlt darin der Anfang, die Handschrift hat hier eine Lücke, indem die zweite Seite von Blatt 34 (nach richtiger Zählung 36) bis auf eine Zeile leer gelassen ist.

Diese Redaction des Dschambhaladatta weicht von der des Çivadâsa hauptsächlich darin ab, dass sie, wie *f*, keine eingestreuten Verse enthält; ausserdem ist darin die Reihenfolge der Erzählungen etwas verändert, nach Çivadâsas vierter steht, wie in *f*, sogleich dessen 23., dann folgen die weiteren, die 8. gleich nach der 5., bis zur 22., mit Auslassung der 11., 13., 15. und 20.; die 15. wird nachgebracht als 23., in der Beng. als 24., indem diese die 24. Erzählung der Calcuttaer Ausgabe mit dem Schlusse der Rahmenerzählung in eins zusammenfasst; für die drei weggebliebenen aber treten als 20. bis 22. in der Calcuttaer Ausgabe drei andre lange Geschichten ein, die in keiner andern Redaction vorkommen, in der Beng. nur die erste davon, gezählt als 21., da der Schreiber seit der 17., die er irrthümlich als 18. bezeichnet, um eine voraus ist. Den Inhalt dieser neuen Erzählungen anzugeben muss ich mir hier versagen.

Bevor ich nun zur Mittheilung der fünfzehnten Erzählung übergebe, habe ich noch einige Bemerkungen vorauszuschicken.

Das Verhältniss der Handschriften von Çivadâsas Recension zu einander, wie es Gildemeister a. a. O. angiebt, ist merkwürdiger Weise nicht in allen Erzählungen dasselbe. Für die fünfzehnte sind in der Hauptsache zwei Gruppen zu erkennen, einerseits *AadB*, andererseits *beg*, welche letztere aber unter einander stärker abweichen als die Handschriften der ersten Gruppe; dazwischen nimmt *c* eine Mittelstellung ein. Von der ersteren stimmen am meisten zusammen *A* und *a*, *B* geht mehr mit *d*. Wie nun in der Ueberlieferung derartiger Literatur überhaupt die Inder mit der grössten Willkür verfahren sind, so sind auch hier die Verschiedenheiten so bedeutend, dass es ein unmögliches Unternehmen wäre, etwa den Text des Çivadâsa herstellen zu wollen, und keine einzige Handschrift ist überall so gut und vollständig, dass man sie durchaus als Grundlage dazu nehmen könnte. Die Form der Darstellung ist auch für die Inder hierbei fast ganz gleichgiltig, ein prosaischer Stil existirt bei diesen leichten Producten nicht, und alles Interesse liegt nur im Stofflichen. Daher kann das Streben eines Herausgebers meines Erachtens nur das sein, einen möglichst correcten, lesbaren und vollständigen Text zu bieten, und er muss das Recht haben, das sich jeder indische Abschreiber, wenn er Sanskrit verstand, genommen, nach Gutdünken dies oder jenes in den Text aufzunehmen oder wegzulassen. Demgemäss bin ich im Ganzen der ersten Handschriftengruppe gefolgt, welche den vollständigeren Text bietet, und zumeist der Uebereinstimmung von *Aa*, bei Abweichungen auswählend oder combinirend, und wo andere Handschriften mir das Bessere darzubieten schienen, habe ich mich diesen angeschlossen. Die vorkommenden Verse habe ich, mit Ausnahme dreier in die Anmerkungen verwiesenen, alle in den Text aufgenommen.

Das kritische Material, welches diese Textesgestaltung rechtfertigen sollte, in ganzer Vollständigkeit zu geben ist weder möglich noch lohnt es der Mühe. Denn ich würde viele Male den Raum des Textes selbst dazu brauchen — und kein Mensch würde Lust haben, diesen Wust durchzumachen, es wäre schade um das Papier. Daher habe ich mich darauf beschränkt, das was mir das wichtigste schien, insbesondere alle sachlichen Abweichungen, anzugeben, woraus sachkundige Beurtheiler schon werden abnehmen können, ob ich mit meinem Verfahren auf dem rechten Wege bin. Bei den Versen so, wie Boehtlingk gethan, alle Varianten, auch die offenbarsten und unbedeutendsten Schreibfehler, mit anzugeben, habe ich der Raumersparniss wegen unterlassen.

Meine Uebersetzung schliesst sich im Ganzen möglichst an das Original an und sucht nur zuweilen durch unbedeutende Aenderungen den entsetzlich einförmigen Stil einer im Greisenalter kindisch gewordenen Sprache etwas geniessbarer zu machen. Von den Versen habe ich diejenigen, welche schon in Boehtlingks Spruchsammlung stehen (Indische Sprüche, Sanskrit und Deutsch, herausgeg. von Otto Boehtlingk, zweite vermehrte und verbesserte Auflage, Petersburg 1870—73, von mir bezeichnet Boehtl.², mit der Nummer der ersten Auflage in Klammern) in Boehtlingks Uebersetzung gegeben, weil ich mir nicht anmasse es besser machen zu können, und nur wo ich nach meinen Handschriften andere Lesarten aufgenommen, habe ich eine andere Fassung versucht.

Schliesslich sei noch die Rahmenerzählung der Vetâlapantschavinçati kurz angedeutet: Ein Büsser (Jogi) hat den König Vikramâditja bestimmt, ihm bei einem grossen nächtlichen Zauber behilflich zu sein, und verlangt von ihm, von einer entfernten Richtstätte den Leichnam eines Gehängten herbeizubringen. Der König geht auch dahin, schneidet den Leichnam von dem Baume ab und macht sich mit ihm auf den Weg; da beginnt der in dem Leichnam hausende Vetâla zur Unterhaltung eine Geschichte zu erzählen, nach deren Beendigung er dem König eine darauf bezügliche Frage vorlegt. Nun hatte zwar der Jogi dem König eingeschärft kein Wort zu sprechen, sonst werde der Leichnam sofort wieder an dem Baume hängen; aber der Dämon droht ihm, wenn er zu antworten wisse und es doch nicht thue, ihm den Schädel einzuschlagen. So antwortet denn Vikramâditja, der Leichnam verschwindet, er holt sich ihn wieder, hört eine neue Geschichte an und antwortet wieder, und so geht es vierundzwanzig Mal fort, bis der König vor der schwierigen Frage nach den entstehenden Verwandtschaftsverhältnissen, wenn ein junger Mann eine Witwe heirathet und sein Vater deren Tochter, und die Kinder dieser Paare sich wieder mit einander verheirathen und Kinder haben, verstummt und der Vetâla zufrieden ist. Auf dessen Rath tödtet dann der König mit List den Jogi und erlangt selbst die acht grossen magischen Eigenschaften.

Recension des Çivadâsa.

Vâmanam eka-dantam ca, hasti-vaktram, maho-'daram
namâmi parayâ bhaktyâ, Vighneçam, parame-'çvaram.

Asti Himâcalo nâma parvataḥ; tatra Vidyâdhara-râjâ Jîmûtaketur nâma. tena râjñâ putra-kâmanayâ kalpavrikshaḥ samârâdhitaḥ; kalpavrikshena bhaṇitam:

tushṭo 'ham tava, râjendra! putraḥ parama-dhârmikaḥ
tvayi datto mayâ, râjan, bhavishyati, na saṃçayaḥ.

etad varam prâpya râjñaḥ putro jâtaḥ. tasmin jâte râjñâ mahotsavaḥ kritaḥ bahu-dânam ca dattam, tasya putrasya nâma-karaṇam saṃjâtam: Jîmûtavâhano nâma [1]pratishṭhitaḥ. tasmin râjñi Çiva-çamsi sarvam babhûva, lokâh sarve 'pi dharma-parâ babhûvuh. tathâ ca:

râjñi dharmiṇi dharmishṭhâḥ, pâpe pâpâḥ, same samâḥ;
lokâs tad anuvartante: yathâ râjâ, tathâ prajâḥ. 1.

nityam mahotsava-parâḥ, paro-'pakaraṇe ratâḥ,
sarve dâna-parâḥ çûdrâḥ, sarve yajña-parâyaṇâḥ. 2.
parasparam prîti-parâ, râga-dvesha-vivarjitâḥ.
no 'pasarga-bhayam tatra, para-cakra-bhayam na hi, 3.

Z. 5 f. Den Vers hat vollständig nur *c*, das vierte Viertel, als drittes, auch *a*. Aehnlich *g*: râjann aparadhârmiko putro tava bhavishyati.

Z. 8. nâma pratishṭitaḥ *Aa*, nâma pratishṭataḥ *g*. nâmnâ pratishṭitaḥ râjñâ brâhmaṇaiçca *c*. nâma pratishṭitam *bc*. In *Bd* fehlt das Verbum. Man erwartete ein Causativum und nâma als Subject dazu.

Z. 9. Dieser Satz aus *ABd*; *a* hat: tasmin putre jâte sati çivaç. s. vabhûva.

Z. 10 f. *ABd*, Boehtl.[2] 5768 (2621) *a**) dharmajñâḥ *AB*, dharmishṭhâḥ *d*. ;· tam (für tad) *A*, anusarvamte (l. -varṇante) *B*.

Z. 12 ff. Vor diesen Versen fehlt, wenn ihnen Vers 1 vorhergeht, eine überleitende Bemerkung, wie sie *g* hat: tasmin râjye (l. râjyam) çâsati. Vermuthlich ist Vers 1 spätere Einschiebung. Nach Vers 2 haben *bc* noch:

kâlo-'pabhoginaḥ sarve, nityam ânanditâ narâḥ,
sarve satya-ratâ nityam, sarve dharma-parâyaṇâḥ

mit manchen Fehlern; ähnlich *g*, noch corrupter. Damit sind zu vergleichen in der von mir in der Zeitschr.

*) Mit α β γ δ bezeichne ich die vier Theile des Çloka.

Recension des Çivadâsa.

„Vor dem Zwerghaften, Einzahnigen, Elefantengesichtigen, Grossbäuchigen verneige ich mich mit grösster Andacht, vor Gaṇêça[1]), dem höchsten Herrn."

Es giebt ein Gebirge Namens Himâlaja, dort war ein König der Vidjâdhara's[2]), Namens Dschimûtakêtu[3]). Dieser König brachte, da er sich einen Sohn wünschte, dem Wunderbaume[4]) seine Verehrung dar, worauf der Wunderbaum sprach:

„Ich bin zufrieden mit Dir, grosser König! Ein überaus tugendhafter Sohn wird, von mir gewährt, Dir, o König, geboren werden, da ist kein Zweifel."

In Erfüllung dieses Wunsches wurde dem König auch ein Sohn geboren, und als der geboren war, veranstaltete der König ein grosses Fest und theilte reiche Geschenke aus; dann erfolgte die Namengebung für den Sohn, und er bekam den Namen Dschimûtavâhana[5]). Unter dessen Regierung war alle Welt voll von Çiva's Preis und alle Leute waren der Tugend ergeben. Es heisst auch:

„Wenn der Fürst tugendhaft ist, sind sie tugendhaft, ist er böse, sind sie böse; ist er mittelmässig, sind sie mittelmässig: die Leute richten sich darnach: wie der Fürst, so die Unterthanen." 1. So hier:
„Stets sind sie grossen Festen hingegeben; sie haben ihre Freude an Gefälligkeiten für andre;
„alle Çûdra's[6]) sind eifrig im Wohlthun, alle ganz den Opfern ergeben. 2.

---

1) Gaṇêça ist der Anführer des Gefolges von Çiva, der Gott der Klugheit, welcher Hindernisse in den Weg legt, aber, wenn ihm die gehörige Ehre erwiesen wird, dieselben auch entfernt. (PW. s. v.) Daher sein Beiname Vighnêça, d. h. Herr der Hindernisse. 2) Die Vidjâdhara's sind eine Classe von Luftgenien, die im Gefolge Çiva's erscheinen, im Himâlaja ihren Sitz haben und im Besitz der Zauberkunst (vidjâ = Wissen) stehen. (PW. s. v.) 3) Dschimûtakêtu = der die Gewitterwolke zum Zeichen hat, eigentlich ein Beiname Çiva's. 4) Der Wunschbaum, Kalpavrikscha, ist ein fabelhafter Baum, der alle an ihn gerichteten Wünsche gewährt. 5) Dschimûtavâhana = der die Gewitterwolke als Wagen hat, eigentlich ein Beiname Indra's. 6) Die Çûdra's sind die vierte, dienende Kaste der Hindu's.

---

d. d. m. G. 1869 aus derselben H. *g* publicirten Erzählung die Verse 1 und 2 S. 444, woher die Verbesserung çûdrâḥ für sûrâḥ stammt. Zum dritten Male hat dieselbe H. ungefähr dieselben Verse im Mâdhavânalâkhyânam, welches sie nach der Vetâlap. noch enthält, Blatt 214a, woraus der neue Halbvers angeführt sei: asatyam na vadanty eva tatra lokanivâsinaḥ. — Von den vielen Varianten ist nur erwähnenswerth V. 3 *a*: prîtikarâ *g* für -parâ; V. 4 *a*: na dasyato (l. dasyuto) meghato vâ *c*; V. 6 *γδ*: evam praçâsayan prithivîm asti Jîmûtavâhanaḥ *b*, ähnlich *g* und in Prosa *e*.

Darnach folgen noch zwei Verse in *be*:

na hînâṅgo nâ 'dhikâṅgo, nâ 'tidîrgho na vâmanaḥ,
nâ 'tikrishṇo nâ 'tigauro, nâ 'tisthûlo na durbalaḥ,
na çiçur nâ 'tivriddho vâ, na ghriṇî nâ 'tinirghriṇaḥ;
anurakto jano nityam, sattva-mûrtiḥ, priyam-vadaḥ.

„Keiner ist da, der ein Glied zu viel oder zu wenig hat, kein allzulanger, kein zwerghafter, kein allzuschwarzer, kein allzublasser, kein allzustarker, kein schwächlicher, kein Kind (!) und kein überalter, kein weichmüthiger, kein allzuhartherziger; anhänglich sind immer die Leute, von gutem Charakter, freundlich in der Rede."

na dasyu-caurato vâ 'pi, na daṃça-maçakâd bhayam.
varshâṇâm ayutâd arvâk nâ 'sti mṛityu-kṛitam bhayam. 4.
kâma-varshî ca parjanyo, nityaṃ çasyavatî mahî,
gâvaç ca ghaṭa-dohinyaḥ, pâdapâç ca sadâ-phalâḥ. 5.
pati-dharma-ratâ nâryas tasmin râjyaṃ praçâsati.
evaṃ guṇa-samâyukto râjâ Jîmûtavâhanaḥ. 6.

tenâ 'pi Jîmûtavâhanena kalpavṛikshaḥ samârâdhitaḥ. tatas tushṭena kalpavṛikshena bhaṇitam: „bho Jîmûtavâhana! varaṃ brûhi.“ Jîmûtavâhaneno 'ktam: „bho bhagavan! yadi tushṭo 'si, tadâ sakalâṃ pṛithvîm adaridrâṃ kuru.“ kalpavṛiksheṇo 'ktam: „evaṃ bhavatu.“ evaṃ vare prâpte lokâḥ sarve dhanâ-'ḍhyâ babhûvuḥ: kasyâ 'pi ko 'pi na manyate, kasyâ 'pi ko 'pi na kurute, kâryâ-'rambhâḥ sarve 'pi rahitâḥ; Jîmûtaketû râjâ Jîmûtavâhanaḥ putraç ca dvâv api dharma-parau babhûvatuḥ, kshâtro dharmaḥ parityaktaḥ. tasya râjño gotribhiç cintitam: „etau dvau pitâ-putrau dharma-ratau saṃjâtau, râjya-madhye bhaṇitam: „„kasyâ 'pi ko 'pi na kurute.““ etasmin prastâve tâbhyâṃ saha vigrahaṃ kṛitvâ râjyaṃ gṛihyate.“ iti vicârya tair âgatya nagaraṃ veshṭitam. pitrâ bhaṇitam: „putra, kiṃ kartavyam?“ putreṇo 'ktam: „yuddhaṃ kṛitvâ tân sarvân vyâpâdya nija-râjyaṃ vardhâmahe vayam.“ pitro 'ktam:

„anityâni çarîrâṇi, vibhavo nai 'va çâçvataḥ,
„nityaṃ saṃnihito mṛityuḥ: kartavyo dharma-saṃgrahaḥ. 1.
„go-çatâd api gokshîraṃ, prasthaṃ kumbha-çatâd api,
„prâsâdân mañcaka-sthânam: çeshâḥ para-vibhûtayaḥ. 2.

„sadoshasya çarîrasyâ 'rthe nâ 'haṃ mahâ-pâtakaṃ karishyâmi; bândhavân hatvâ Yudhishṭhireṇâ 'pi paççât-tâpaḥ kṛitaḥ.“ Jîmûtavâhaneno 'ktam: „yady evaṃ, tarhi gotriṇâṃ râjyaṃ

Z. 7. brahmavṛikshaḥ für kalpavṛ. *bc*.

Z. 10—12. Ausführlich so nur *d*, die andern HH. kürzer. kasyâpi na kurute (ohne kopi) auch *AB*; darnach hat *B* noch: kâryaṃ jimûtaketu râjâ gataḥ, worauf alles Weitere bis tayâ Malayavatyâ S. XII Z. 5 fehlt. Die Worte kâryârambhâḥ — rahitâḥ nur aus *Aa*.

Z. 13. gotribhiḥ: das im Petersburger Wörterbuch nicht aufgeführte, allerdings fehlerhaft gebildete Wort *gotrin* = *gotraja* (Somad. an der entsprechenden Stelle, XII, 90, 30), wofür *d* a. u. St. svavaṃçodbhava bietet, kommt in allen meinen HH. vor, im Ganzen 18 Mal.

Z. 18 f. *Aacd*, Boehtl.[1] 292 (101). Dafür hat *g*:

anityasya çarîrasya sarva-doshamayasya ca
durgandhasya kṛita-ghnasya nâ 'haṃ pâpaṃ karomy ahaṃ.

Aehnlich in Prosa *a* (Z. 22) und noch mehr *A*: sarvadoshamayasya çarîrasyârthaṃ pâtakaṃ na karishyâmi.

Z. 20 f. *Aabceg*, Boehtl.[2] 2205. *β*: prasthaṃ kumbhaçatâr api, -çatair *A*; annaṃ kâshṭhaçatâd api *c*, mânaṃ mûḍhaçatâd api *beg* (fehlerhaft mlânaṃ *e*, mâna *g*; -çatair *g*). *γ*: praçâdân maṃcakaṃ sthânaṃ *b*, prasâdân macakaḥ sthânaṃ *c*, pṛithivyâṃ maṃcakasthâne *e*, maṃdiraṃ maṃcakasthânaṃ *g* (ein Palast [ist auch nur] ein Platz für ein Ruhebette). *δ*: kasyârthe bândhavâ hatâḥ (mit versch. Schreibfehlern) *bceg*. *γδ*: maṃ-

„Gegenseitig pflegt man die Nächstenliebe, frei von Leidenschaft und Hass. Keine Furcht vor „Unfällen giebt es da, noch Furcht vor feindlichen Heeren; 3.

„auch droht nicht Gefahr von Räubern und Dieben, oder von Wespen und Mücken. Unter „einer Myriade von Jahren braucht niemand Furcht vor dem Tode zu haben. 4.

„Und die Wolken geben Regen nach Wunsch, stets ist fruchtreich die Erde, die Kühe geben „einen Eimer Milch, und die Bäume haben immer Früchte. 5.

„Der Gattentreue ergeben sind die Weiber, zur Zeit wo dieser das Reich beherrscht. So mit Vor„zügen ausgestattet war der König Dschimûtavâhana.“ 6.

Auch Dschimûtavâhana brachte dem Wunderbaume seine Verehrung dar, und dieser, davon befriedigt, sprach: „Dschimûtavâhana! sprich Deinen Wunsch aus!“ Dschimûtavâhana erwiederte: „Erhabener! wenn Du befriedigt bist, so nimm von der ganzen Erde die Armuth.“ Der Wunderbaum sprach: „So soll es sein.“ Als nun dieser Wunsch erfüllt war, waren alle Leute reich: keiner kümmert sich um den andern, keiner thut etwas für den andern, alle Geschäftsunternehmungen wurden aufgegeben; der König Dschimûtaketu und sein Sohn Dschimûtavâhana waren beide ganz der Tugend ergeben, Rechte und Pflichten der Kriegerkaste gaben sie auf. Da überlegten sich die Verwandten des Königs: „Diese beiden, Vater und Sohn, haben sich ganz der Tugend ergeben; im Reiche aber sagt man: „„keiner thut etwas für den andern.““ Wenn wir unter diesen Umständen mit den beiden einen Kampf beginnen, erlangen wir die Herrschaft.“ Zufolge dieser Erwägung rückten sie heran und umzingelten die Stadt. Da sprach der Vater: „Mein Sohn, was sollen wir thun?“ Der Sohn erwiederte: „Wir wollen eine Schlacht liefern, diese alle tödten und so unsere Herrschaft befestigen.“ Der Vater entgegnete:

„Die Leiber sind nicht von Bestand, Reichthümer währen nicht ewig, der Tod ist beständig in „der Nähe; darum sammle man gute Werke ein.“ 1.

„Sogar über hundert Kühe geht Kuhmilch, ein Scheffel sogar über hundert Töpfe, über einen Pa„last ein Platz für ein Ruhebette: alles Uebrige ist fremder Reichthum.“ 2.

„Wegen des mit Mängeln behafteten Leibes werde ich nicht eine grosse Sünde thun. Sogar Judhischthira*) hat es bereut, Verwandte erschlagen zu haben.“ Darauf erwiederte Dschimûtavâhana: „Wenn dem so ist, so wollen

*) Judhischthira war der älteste der Söhne Pandu's und Anführer der Panduiden in dem grossen Kriege gegen die Kuruiden, welchen das Epos Mahâbhârata erzählt.

dire mamcakasthasya çeshâḥ p. *a* (für den, der im Hause auf dem Ruhebette liegt, ist das andere fremder Reichthum.) Corrupt *A*: mamdiram mambakasyârthe çeshâḥ parivibhûtayah.

Der allgemeine Sinn des Verses scheint zu sein: Der wirkliche Effect von etwas ist mehr werth, als in hundertfacher Anzahl das Ding, welches dazu die Möglichkeit enthält. Daher: Wirklich vorhandene Kuhmilch geht über hundert Kühe, die Milch geben können; eine Quantität von einem Scheffel, ein Scheffel voll von etwas, ist besser als hundert Gefässe, die etwas enthalten können; gekochtes Essen (bes. gekochter Reis, s. PW. s. v. anna) geht über hundert Holzscheite, mit denen man Essen kochen kann; wirklich gezeigter Hochmuth geht über hundert Dummköpfe, die hochmüthig sein können; ein unbestrittener Platz für ein Ruhebette ist mehr werth als ein Palast, der viele solche Plätze bieten kann, aber nicht immer einen bietet: hat man das Nothwendige, so braucht man keinen weiteren Reichthum. — Soll in diesen Zusammenhang Boehtlingks Uebersetzung seiner Lesart prastham dhânyaçatâd api hineinpassen, müsste man sie so verstehen: „ein Scheffel Korn geht sogar über hundert Scheffelmaasse“, was die Sanskritworte nicht heissen können. Die Worte in *p*: prâsâdân etc. erinnern auffällig an Mahâbhâr. 12, 10641: prâsâde mañcakam sthânam yaḥ paçyati, sa mucyate: wer in der Plattform auf einem Palaste weiter nichts als einen Platz sieht, der wird (von den Banden der Welt) erlöst (PW. s. v. mañcaka).

datvâ mahâ-vane gatvâ tapaç-caranam kriyate." iti niçcayam kritvâ gotrinâm râjyam datvâ pitâ-putrau Malaya-parvate gatau; tasya parvatasya kasmimçcit pradeçe kutîram kritvâ sthitau. tatra sthitasya Jîmûtavâhanasya rishi-putro Madhura-nâmâ mitram samjâtam. tena saha Jîmûtavâhano Malaya-parvate paribhramanâya gatah.

tatra bhramatâ tena vana-madhye Devy-âyatanam drishtam; tatra Devy-agre vînâvâdam kurvati ekâ nâyakâ drishtâ, tayâ kanyayâ ca Jîmûtavâhano drishtah. parasparam kâmâ-'vasthâ samjâtâ. sâ ca mahatâ kashtena nija-bhavane gatâ sati viraha-vedanâ-pîditâ babhûva, Jîmûtavâhano 'pi nijâ-'çrame gatah. dvitîya-divase sâ 'pi tatrai 'va Gauryâh pûjâm kartum gatâ, Jîmûtavâhano 'pi nija-mitrena saha tatrai 'va samâyâtah. Jîmûtavâhanena tasyâh sakhî prishtâ: „kasya kanye 'yam?" sakhyo 'ktam: „Malayaketur nâma râjâ, tasya kanye 'yam Malayavatî nâma; kumârî vidyate." tayâ 'pi Jîmûtavâhanah prishtah: „bho purusha Manmathâ-'vatâra, kas tvam, kasmât sthânâd âgato 'si?" Jîmûtavâhaneno 'ktam: „Vidyâdhara-râjâ Jîmûtaketur nâma, tasya putro 'ham Jîmûtavâhano nâma; bhrashtâ-'dhikârau pitâ-putrau atrâ 'yâtau svah." iti çrutvâ sakhyâ tayâ sarvam Malayavatyâ 'gre kathitam. parasparam çrutvâ dvâbhyâm evâ 'tîva-vedanâ samjâtâ.

Malayavatyâ Gauryâh pûjâm vidhâye 'ty uktam: „Devi bhagavati! yadi Jîmûtavâhano mama bhartâ na bhavishyati, tadâ 'ham kanthe pâçam kshiptvâ marishyâmi." yâvad Devyâh puratah kanthe pâçam kshipati, tâvad Devyo 'ktam: „putri! tushtâ 'ham, tava bhartâ Jîmûtavâhano bhavishyati." Jîmûtavâhanenâ 'lakshitena bhûtvâ sarvo 'pi vrittântah çruto drishtaç ca. Jîmûtavâhano viraha-vedanâ-pîdito nijâ-'çramam gatah, sâ ca samdehena nija-bhavane gatâ atîva kâma-bânena pîditâ. sarvam sakhyâ agre kathitam, tayâ sakhyâ ca gatvâ patta-râjnî-nikate kathitam, tayâ 'pi râjno 'gre kathitam sarvam: „deva! putrî yauvanavatî varayogyâ samjâtâ; tasyâ vara-cintâ katham na kriyate?" tac chrutvâ râjnâ cintitam: „kasmai duhitâ dîyate?" tasmin prastâve râjnah putrena Mitrâvasu-nâmnâ bhanitam: „devâ, 'tra Vidyâdhara-râjâ Jîmûtaketur nâma, tasya putro Jîmûtavâhano nâma; tau ca pitâ-putrau bhrashta-râjyâ-'dhikârau atrâ 'yâtau çrûyete." tac chrutvâ râjnâ Malayaketunâ

Z. 7. kâmâvasthâ *Acd*, katâkshanirîkshanam *a*, anurâgo *be*, darçanâdanurâgah *g*.

Z. 7 f. sâ ca — gatah: die Lesart ist combinirt aus *a* mit *Ad*; letztere allein lassen unpassender Weise zuerst Dschîm. „mahatâ kashtena" (mahatkashthena *a*) nach Hause gehen; darnach *A*: sâ ca virahavedanâpîditâ sati nija-bhavane gatâ; gatâ sati — babhûva aus *d*. — so pi mitrena svakîyâçrame ânîtah *g*, mitrena nîtah auch *c*.

Z. 8 ff. Die ganze Erzählung von dem zweiten Besuch im Tempel und der gegenseitigen Erkundigung haben nur *Aad*. In *beeg* wird bei der Unterredung von Malajavatî's Aeltern ihr Vater Viçvâvasu genannt, wie in *f* und bei Somadeva in beiden Fassungen; König der Siddha's nennen ihn nur *bc*. In *Ad* fragt zuerst Malaj. den Freund des Dschîm.: ko yam kumârah. Die Worte bhrashtâ° (verschrieben çrashtâ°) — svah hat nur *a*. Nach Malayavatyâ 'gre (sic; vgl. Bopp krit. Gramm.² § 78 bei °) kathitam (Zeile 14) fährt *a* fort: iti çrutvâ tasyâh atîvavedanâ samjâtâ. mahatkashtena grihe gatâ. sâpi nijagrihe suptâ sati cimtâpralâpam karoti: sie plaudert im Schlaf ihre Gedanken aus, und darauf geht die Freundin zur Mutter. Den Selbstmordversuch erzählen nur *Ad*.

wir den Verwandten die Herrschaft übergeben, in einen grossen Wald gehen und uns den Busübungen widmen." Nachdem sie diesen Entschluss gefasst, übergaben sie ihren Verwandten die Herrschaft und gingen beide, Vater und Sohn, in das Malajagebirge[8]); in einer Gegend dieses Gebirges bauten sie eine Hütte und wohnten da. Während dieses Aufenthaltes nun wurde Dschimûtavâhana mit dem Sohne eines Rischi[9]), Namens Madhura[10]), befreundet, mit welchem er im Malajagebirge herumzustreifen pflegte.

Bei diesem Herumstreifen erblickte er einmal mitten im Walde einen Tempel der Dêvî[11]), und darin sah er ein vornehmes junges Mädchen, welches vor Devî die Laute spielte; auch von dem Mädchen wurde Dschimûtavâhana gesehen, und beide verliebten sich in einander. Sie nun ging mit grosser Mühe nach Hause, und es quälte sie der Schmerz über die Trennung von dem Geliebten; auch Dschimûtavâhana ging nach Hause. Am andern Tage aber ging sie wieder dorthin, der Gaurî ihre Verehrung darzubringen, und auch Dschimûtavâhana fand sich mit seinem Freunde eben dort ein. Da fragte Dschimûtavâhana deren Begleiterin: „Wem gehört dieses Mädchen an?" Die Begleiterin antwortete: „Das ist die Tochter des Königs Malajakêtu, Namens Malajavatî; sie ist noch Jungfrau." Darauf fragte auch sie den Dschimûtavâhana: „Und Du, Liebesgott in Menschengestalt, wer bist Du und wo bist Du hergekommen?" Dschimûtavâhana antwortete: „Ich bin der Sohn des Vidjâdhara-Königs Dschimûtakêtu und heisse Dschimûtavâhana; nachdem wir unsere Stellung verloren, sind wir beide, Vater und Sohn, hierher gekommen." Dies berichtete die Begleiterin alles der Malajavatî. Als sie nun so gegenseitig von einander gehört, empfanden beide die heftigste Pein.

Da betete Malajavatî zur Gaurî und sprach: „Erhabene Göttin! wenn Dschimûtavâhana nicht mein Gatte werden soll, so werde ich mir einen Strick um den Hals legen und mir den Tod geben." Wie sie nun im Angesichte der Göttin sich den Strick um den Hals legte, da sprach Devî: „Meine Tochter! ich bin zufrieden, Dschimûtavâhana wird Dein Gatte werden." Dschimûtavâhana aber hatte ungesehen die ganze Sache gehört und mit angesehen; er ging vom Schmerz über die Trennung von ihr gequält nach Hause, und auch sie kehrte zweifelnd nach ihrer Wohnung zurück, im höchsten Grade vom Pfeil des Liebesgottes gepeinigt. Dort erzählte sie alles einer Freundin, und die Freundin ging und berichtete es der Königin, diese wiederum erzählte alles dem Könige und sprach: „Herr! unsere Tochter hat die Blüthe der Jugend und das heirathsfähige Alter erreicht, warum denkst Du nicht auf eine Wahl für sie?" So angeredet, überlegte sich der König, wem er seine Tochter geben sollte, und da dies zur Sprache gekommen, sagte der Sohn des Königs, Namens Mitrâvasu[12]):

[8]) Das Malajagebirge ist in Malabar, Hunderte von Meilen vom Himâlaja. [9]) Die Rischis sind ursprünglich die Sänger und Dichter heiliger Lieder, welche der späteren Zeit als Heilige erschienen; es werden deren namentlich sieben aufgezählt. Späterhin bezeichnet Rischi überhaupt einen frommen Einsiedler. [10]) Madhura bedeutet wie das kürzere madhu „süss". [11]) Dêvî, d. h. Göttin, ist ein Beiname der Göttin Durgâ oder Gaurî, der Gemahlin Çiva's. [12]) Der den Freunden wohlthut.

Z. 17 f. yâvad — kshipati nur *d*. — Z. 21 für kâmabâ. pîḍ. hat *A*: daçamîṃ avasthâṃ prâptâ.

Z. 22 ff. In *bg* sagt die Königin dem König gleich: „Deine Tochter ist in Dschimûtavâhana verliebt"; in *e*, wo die Worte der Königin nicht angegeben sind, erwiedert der König darauf: „Ich weiss es". Darnach lassen *bceg* übereinstimmend den König von Dschimûtakêtus Anwesenheit und seiner eignen Absicht sprechen. In *bc* hat Mitrâvasu dem Dschimûtakêtu auszurichten: „Ich bin gesandt vom König Viçvâvasu; Deinem Sohne Dschimûtavâhana giebt er seine Tochter". So wird Dschimûtavâhana mit ihm geschickt. In *g* beauftragt Viçvâvasu seinen Sohn, den Vater Dschimûtakêtu einzuladen; wenn der nicht komme, wolle er selbst den Dschimûtavâhana besuchen; letzteres geschieht, und es findet eine Gandharvenheirath statt (wie in der Hindibearbeitung): yadi râjâ svayaṃ nâ "gacchati, tadâ putraṃ Jîmûtavâhanaṃ mamâ "gatavyaṃ (so ist wohl das verderbte mâma âgatavyaṃ herzustellen). tato duhitṛi-dânena âgantupûjâṃ karomi. tato Viçvâvasunâ (wohl richtig, nicht Mitrâvasunâ) âgatya Vidyâdhara-Jîmûtavâhana-pitṛ-agre vijñaptam. tato Jîmûtaketunâ putro Jîmûtavâhanaḥ preshitaḥ. tato Viçvâvasunâ Malayavatî kanyâ pradattâ. tato mahâmahotsavena gândharvavivâhena pariṇîtâ.

bhanitam: „iyam putrî Jîmûtavâhanâya dâtavyâ.“ iti kathayitvâ putrasyâ ’deço dattah: „bho putra! Jîmûtaketor âçramam gatvâ Jîmûtavâhanam ânaya.“ râjâ-’deçena Mitrâvasus tatra gatah. Jîmûtaketunâ saha darçanam jâtam, Jîmûtavâhanah prârthitah, tena prahitaç ca. Jîmûtavâhanenâ ’gatya çubhe muhûrte sâ Malayavatî parinîtâ. tâm parinîya Jîmûtavâhano Mitrâvasunâ syâlakena saha pitur âçrame samâyâtah. tayâ Malayavatyâ çvaçrû-çvaçurau namaskritau.

anyasmin dine prabhâta-samaye Jîmûtavâhano Mitrâvasunâ syâlakena saha Malaya-parvate paribhramanâya gatah. tatra pânduram gurutaram çikharam drishtvâ syâlakah prishtah: „bho, kim idam driçyate?“ teno ’ktam: „sarpâ-’sthîni. Pâtâlân Nâga-kumârâh sam-âgacchanti, tân Garudo bhakshayati; tenâ ’neka-kotayo bhakshitâh, teshâm etâny asthîni.“ tac chrutvâ Jîmûtavâhaneno ’ktam: „bho Mitrâvaso! tvam grihe gatvâ bhojanam kuru; mamâ ’tra deva-pûjâm kurvânasya devâ-’rcana-vyagratayâ mahatî velâ gamishyati.“ iti çrutvâ syâlako gatah. Jîmûtavâhano yâvad agre gacchati, tâvad rudantyâ vriddhâyâh çabdam çrinoti: „hâ putra! hâ putre!“ ti. çabdâ-’nulagnas tatrai ’va gatah; tatra gatvâ sâ rudantî nârî prishtâ: „bho mâtah! kasmât pralâpam karoshi?“ tayo ’ktam: „adya mama putrasya Çankhacûdasya maranam bhavishyati, Garudenâ ’gatya bhakshitavyah; tena duhkhena rodimi.“ Jîmûtavâhaneno ’ktam: „mâtar, mâ rodanam kuru! adyâ ’tmânam datvâ tava putram rakshayishyâmi.“ tayo ’ktam: „putra, ’mai ’vam kuru! tvam api Çankhacûdâ-’dhiko mama.“ asmin prastâve Çankhacûdenâ ’gatya bhanitam:

„utpadyante, vilîyante madvidhâh kshudra-jantavah:
„parâ-’rtha-baddha-kakshânâm tvâdriçâm udbhavah kutah?

„âtmano viruddham parasya na dîyate ’ti, esha sat-purushânâm dharmo na bhavati.“ Jîmûtavâhaneno ’ktam:

„para-prânair nija-prânân sarve rakshanti jantavah;
„nija-prânaih para-prânân eko Jîmûtavâhanah.

Z. 5. Für syâlaka haben die HH. meistens çyâlaka, daneben häufig çâlaka, auch callaka und çalaka.

Z. 6. Nach namaskritau haben *bcg* noch: tâm (putravadhûm, nur *g*) drishtvâ hrishtau jâtau.

Z. 8. çikharam *Bbcdeg*, asthikûtam *Aa*.

Z. 9 f. *be* lassen „der Reihe nach täglich e i n e Schlange“ heraufkommen, wie in der Recension *f* und bei Somadeva.

Z. 18. çamkhacûdâd adhiko (ohne tvam api) *A*, tvam api putrâdhikah sakhacûdât *B*.

Z. 20 f. *α* statt vilîyante: vipadyamte *g*, mriyamte ca *be*. *γ* parârthe *dg*. *δ* tvâdriçânâm bhavam *B*; für kutah: katham *bc*.

Z. 22. Die Lesart nach *a*. Aehnlich, aber corrupt, *b* (virûpyam, na fehlt) und *c* (virûpam). Kurz *e*: âtmano jîvitam anyasmai na dîyate. Aehnlich *dB*: satpurushânâm (esha *B*) dharmo na bhavati yad âtmano jîvanam parasya dîyate *d*, yatah âtmanorthe viruddham anyasmai dîyate (denn seinetwegen giebt man andern das Widrige?) *B*. Anders *A*: parasya viruddho (l. viruddham) âtmano na dîyate, eshah satp. dh. n. bh.: was gegen einen andern (wenn man es ihm anthäte) feindselig ist, fügt man nicht sich selbst zu (?). Nach ab-

„Herr, hier lebt der Vidjâdhara-König Dschimûtakêtu, welcher einen Sohn Namens Dschimûtavâhana hat, und diese beiden, Vater und Sohn, sind, wie man hört, nach Verlust ihrer Stellung hierher gekommen.“ Darauf sprach der König Malajakêtu: „Ich will meine Tochter dem Dschimûtavâhana geben.“ Dann beauftragte er seinen Sohn und sprach: „Mein Sohn! gehe nach der Wohnung des Dschimûtakêtu und bringe den Dschimûtavâhana her.“ So ging Mitrâvasu nach dem Befehle des Königs dorthin, hatte eine Zusammenkunft mit Dschimûtakêtu und bat um den Dschimûtavâhana, der ihm auch mitgegeben wurde. Dschimûtavâhana kam, und zu einer glücklichen Stunde heirathete er die Malajavatî. Nach der Hochzeit kehrte Dschimûtavâhana mit seinem Schwager Mitrâvasu in das Haus seines Vaters zurück, und Malajavatî begrüsste ehrfurchtsvoll ihre Schwiegerältern.

Am andern Tage ging Dschimûtavâhana frühmorgens mit seinem Schwager aus, im Malajagebirge herumzustreifen. Dort erblickte er einen grossen weissen Haufen von Knochen und fragte seinen Schwager: „He, was ist das, was man da sieht?“ Dieser antwortete: „Schlangenknochen. Aus Pâtâla[13]) kommen die Schlangensöhne herbei, welche der Garuda[14]) verzehrt; schon viele Millionen Schlangen sind von ihm verzehrt worden, und von denen sind das die Knochen.“ Als dies Dschimûtavâhana hörte, sagte er: „He, Mitrâvasu! geh Du nach Hause und iss; ich will hier mein Gebet verrichten, und bei der Versenkung in die Andacht wird eine lange Zeit hingehen.“ Darauf hin ging sein Schwager fort. Wie nun Dschimûtavâhana vorwärts ging, hörte er einen Laut von einer weinenden alten Frau: „Ach mein Sohn! ach mein Sohn!“ Er ging dem Tone nach, und als er hinkam, fragte er die weinende Frau: „Mutter! warum weinst Du?“ Sie sprach: „Heute soll mein Sohn Çankhatschûda[15]) sterben, der Garuda soll kommen und ihn fressen; dieser Schmerz ist's, weshalb ich weine.“ Da sprach Dschimûtavâhana: „Mutter, weine nicht! Heute werde ich mich selbst opfern und Deinen Sohn retten.“ Sie erwiederte: „Mein Sohn! thue das nicht! Auch Du bist mir so werth wie Çankhatschûda.“ Während dieser Unterredung kam Çankhatschûda herbei und sprach:

„Niedrige Geschöpfe von meiner Art entstehen und vergehen; wo aber wird Deines Gleichen geboren, die eines andern wegen sich zur Hülfe schürzen?

„Was mit dem eignen Selbst in Widerspruch stünde, gewährt man nicht einem andern, das ist guter Menschen Pflicht nicht.“ Dschimûtavâhana erwiederte:

„Auf Kosten eines fremden Lebens das eigene Leben zu erhalten verstehen alle Geschöpfe; auf Kosten des eigenen Lebens aber ein fremdes zu erhalten, vermag Dschimûtavâhana allein.

---

13) Pâtâla ist die Unterwelt, wo die Nâga's oder Schlangendämonen, Wesen mit Schlangenleib und menschlichem Angesicht, eine Stadt bewohnen. 14) Der Garuda ist ein mythischer Vogel, der König der Vögel, Vischnu's Reitthier, Feind der Schlangen, wie in der griechischen Fabel der Adler. 15) Çankhatschûda — der einen muschelähnlichen Kamm (Schlangenkamm) hat.

---

weichender *g*: paraprâṇân nivedya âtmaçaraṇân rakshamti (?) sa purushâṇâm dharmaḥ: das Leben eines andern anbietend suchen sie sich selber zu schützen, das ist die Sitte der Menschen. Die Worte in den verschiedenen Fassungen scheinen Trümmer eines Verses, worauf das in *Bbde* davor stehende anyacca und das iti in *a* hinweist. Ebenso bilden die Worte nach dem Vers parapr., die von den sonst zusammengehenden HH. nur *a* hat, beinahe einen Çloka. Dafür haben *bce* noch als Worte des Çankh.: tatas tvam gaccha mahâtman svasthânam (tvam tad gaccha yatrâgatâ *c*); yâvad garuḍaḥ samâgacchati tâvad aham gokarṇadevam namaskaromi (namaskṛitya âgacchâmi *e*). Den Satz yâvad — tâvad — âgacchâmi hat auch *g*. Vergl. S. XIV Z. 1 f.

Den Vers Z. 24 f., = Boehtl.[2] 3932, haben an dieser Stelle *ABdg*, aber *g* als Worte des Çankh. unmittelbar nach dem Vers nîdpady. In *B* folgt, mit der gewöhnlichen Flüchtigkeit dieses Schreibers, auf *a* gleich *d*. Als Worte des Garuda, wie in der Hindibearbeitung, vor bho mahâsattva (S. XIV Z. 20) hat ihn *a*. Eine bemerkenswerthe Variante dazu bietet *e*, das ihn in der 4. Erzählung nach den Worten kshayaḥ samjâtaḥ (Lassen Anthol.[2] S. 28, 7) einfügt; dort lautet *d*: viralaḥ kopi rakshati: auf Kosten des eigenen Lebens ein fremdes erhalten, das thut selten einer. Vergl. Oesterley S. 123 z. E.

„mayâ sva-vâcâ kathitam, tad anyathâ na bhavati; gaccha tvam yata âgatah.“ iti çrutvâ Çankhacûdo devam namaskartum gatah. tâvaj Jîmûtavâhano vadhya-çilâyâm ârûdho 'vânmukho bhûtvâ mukta-çastrah patitah; âkâçâd âgacchantam Garudam drishtavân:

Nâgânâm nâçanâ-'rthâya Târkshyam vai bhîma-vikramam,
pâdaih Pâtâla-samstham ca, diçah pakshaiç ca vyâpinam, 1.
sapta-svargâms tu udare, Brahmândam kantha âçritam,
candrâ-'rkau nayane yasya, Târkshya-bhuvana-nâyakam, 2.
daça-yojana-cancv-agram, grasantam, bhîma-rûpinam.
evamvidhena Târkshyena sa cancv-agrena tâditah. 3.

punar api dvitîya-prahârena tâdayitvâ cancv-agre dhritvâ utpatito gagane. tatra mandalikurvan bhramamâno yâvad bhakshati, tâvat tasya Jîmûtavâhanasya rudhira-liptam nâmâ-'nkitam âbharanam Malayavatyâ utsange patitam. tad âbharanam rudhira-carcitam drishtvâ Malayavatî mûrchâm jagâma; kshana-mâtrena cetanam prâpya tasya mâtâ-pitror agre darçitam; tad drishtvâ tau krandamânau tat pradeçam gatau; sâ 'pi Malayavatî tatrai 'va gatâ. tasmin prastâve Çankhacûdo 'pi vadhya-çilâyâm âgatah; Çankhacûdena bhanitam: „munca, munca, bho Garuda! na esha tava bhakshyah, Çankhacûdo Nâgakumâro 'ham tava bhakshyah.“ tac chrutvâ Garudo vikalpe patitah: „kim vâ brâhmanah kshatriyo vâ mayâ ko 'pi bhakshitah? kim etau mayâ kritam?“ Garudena prishto Jîmûtavâhanah: „bho purusha! kas tvam? kim artham vadhya-çilâyâm upavishtah?“ Jîmûtavâhaneno 'ktam: „svakâryam kuru! kim anayâ cintayâ?“ Garudeno 'ktam: „bho mahâsattva! kim artham parâ-'rthe prâna-tyâgam karoshi?“ Jîmûtavâhaneno 'ktam:

„châyâm anyasya kurvanti, svayam tishthanti câ 'tape,
„phalanti ca parasyâ 'rthe mahâ-'tmâno, mahâ-drumâh. 1.

„pivanti nadyah svayam eva nâ 'mbhah,
„khâdanti na svâdu-phalâni vrikshâh,
„ambhodharo varshati nâ 'tma-hetoh:
„paro-'pakârâya satâm vibhûtih. 2.

Z. 4 ff. Vers 1 *ABacdg*: β statt târkshyam vai: lakshyate *AB*. bhîmadarçanah *B*. γ pâdau pâtâlasamsthau alle. δ pakshau dikcakragâminau *A*, corrupt pakshau vai dikagavâvapi *B*; vyâpitâh *ag*, vyâpitah *c*, samâçritâh *d*. Die Nominative, die manche Hll. auch an andern Stellen bieten, könnten als selbständige Sätze gefasst eine Parenthese bilden; dass aber im Ganzen Accusative stehen müssen, als Attribute zu dem vor den Versen stehenden Garudam, zeigt deutlich im letzten Verse grasantam. — V. 2 *ABac*: α svargas *a*, svargânç ca *c*, çirah svargas (-am) tu udaram (udatam) *AB*. β brahmâmdam kamtham *ABc*, vrahmâmde kamtha *a*; âsthitah *B*. δ târkshyam drishtvâ nabha(h)sthitam *B*. — V. 3 *Aacg*: β bhîmadarçanam *A*. Als γδ hat *g*: îçvaram garudam drishtvâ na bhîto bhîmavikramah, hier nicht passend; besser *c*, leider am Ende durch Insectenfrass verstümmelt: eva(m)vidham târksh(y)am drishtvâ na bhîto sau r....t; vielleicht zu lesen: 'sau 'tra râjarât. Die aufgenommene Fassung ist hergestellt aus *Aa*; nach târkshyena fügt *A* ein: sa râjâ, *a*: âgatya sa râjaputrah kamdharâyâm cancvagrena tâditah.

„Ich habe es mit eignem Munde ausgesprochen, das wird nun nicht anders. Gehe Du hin, wo Du hergekommen bist.“ Als dies Çankhatschûda gehört, ging er fort, dem Gotte (Çiva) seine Verehrung zu erweisen. Unterdess stieg Dschîmûtavâhana auf den Todesfelsen hinauf, und das Gesicht zur Erde gekehrt, das Schwert losgegürtet, liess er sich nieder; aus der Luft sah er den Garuda herannahen:

„den Târkschja[10]), den zur Vernichtung der Schlangen furchtbar gewaltigen, der mit den Füssen „in der Unterwelt stand und alle Himmelsgegenden mit seinen Flügeln erreichte,“ 1.

„der die sieben Himmel mit dem Bauche, das Universum mit der Kehle berührte, dessen Augen „Sonne und Mond waren, den Herrn der Vogelwelt.“ 2.

„mit einer Schnabelspitze von zehn Meilen Länge, den verschlingenden, furchtbar gestalteten. So „beschaffen war der Târkschja, der jetzt mit der Schnabelspitze ihn traf.“ 3.

Wiederum mit einem zweiten Angriff traf er ihn, ergriff ihn mit der Spitze seines Schnabels und flog mit ihm auf in den Luftraum. Während er nun dort in Kreisen herumfliegend frass, fiel Dschîmûtavâhana's mit seinem Namen bezeichneter Schmuck, mit Blut besudelt, herunter in den Schoss der Malajavatî. Als aber Malajavatî diesen mit Blut bespritzten Schmuck erblickte, fiel sie in Ohnmacht; nach kurzer Zeit wieder zu sich gekommen, zeigte sie ihn dessen Aeltern, und nachdem auch die ihn gesehen, gingen sie weinend nach jener Gegend, und auch Malajavatî ging mit dorthin. Unterdess kam auch Çankhatschûda an den Todesfelsen heran und rief: „Lass los, lass los, Garuda! nicht dieser ist Deine Speise, ich, der Schlangensohn Çankhatschûda, bin Deine Speise.“ Als dies der Garuda hörte, gerieth er in Zweifel: „Habe ich etwa einen Brahmanen oder einen Kschatrija[11]) verzehrt? Was habe ich da gemacht?“ Da fragte der Garuda den Dschîmûtavâhana: „He, Mensch! wer bist Du? weshalb hast Du Dich auf den Todesfelsen gesetzt?“ Dschîmûtavâhana erwiederte: „Mache Deine Sache! Wozu dieses Bedenken?“ Da sprach der Garuda: „O Hochherziger! weshalb lässt Du für einen andern Dein Leben?“ Dschîmûtavâhana antwortete:

„Es schaffen anderen Schatten, während sie selbst in der Gluth stehen, und es tragen Früchte für „andere die grossen Seelen und die grossen Bäume.“ 1.

„Flüsse trinken nicht selbst ihr Wasser, Bäume essen nicht selbst ihre süssen Früchte, die Wolke „regnet nicht ihretwegen: der Edlen Reichthum ist dazu da um andern zu helfen.“ 2.

---

[10]) Târkschja ist ursprünglich Bezeichnung eines mythischen Wesens, das bald als Ross, bald als Vogel vorgestellt wird; später aber ward dieses mit dem Garuda identificirt. [11]) Die Kschatrija's, der Kriegerstand, welchem die Könige angehören, bilden die zweite Kaste.

Z. 10. dvitîyaprahâreṇa mûrchitaḥ (na tâḍitaḥ *d*) tṛitîyaprahâre(ṇa) gṛihitvâ *Bd*.

Z. 14. *Bd* lassen auch die Aeltern beim Anblicke des Juwels in Ohnmacht fallen und dann, „als sie des Sohnes Zustand gesehen, in heftiges Weinen ausbrechen“.

Z. 16. purushas tava bhakshyo na bhavati *A* und (ohne purusha, nur stava etc.) *B*.

Z. 19 f. statt svakâryaṃ: svamtihitaṃ *b*. svasamtihitaṃ *e*, svahitaṃ *eg*. Nach cintayâ noch bhaksha mâm *c*, mâṃ bakhshayâ *b*.

Z. 22 ff. Vers 1 *Aacd*, Boehtl.² 2307 (921) γ phalaṃty eva *A*; statt ca: hi *d*; parârthe ca *Ad*, parârtheshu *e*. δ statt mahâtmâno: nâtmahetor *cd*. — Vers 2 *Aae*, ausserdem *g* im Mâdhav., fol. 211a, Boehtl.² 4082. α nadyaḥ pivaṃti *g*. β svayaṃ na khâdaṃti phalâni pâdapâḥ *A*. γ payomuco 'mbhaṃ (l. 'mbhaḥ) sisṛijaṃti sasye *a*; payodharasya kvacid asti sasyaṃ *A*; payodharâ naiva caraṃti (verzehren) sasyaṃ *g* (β und γ vertauscht). δ vibhûtayaḥ *Ag*. — Vers 3 *ABacd*, Boehtl.² 2219. Für das zweite punaḥ hat *B* immer tathâ.

„ghrishtam ghrishtam punar api punaç candanam câru-gandham;
„chinnam chinnam punar api punah svâdu cai 've 'kshu-dandam;
„dagdham dagdham punar api punah kâncanam kânta-varnam:
„prânâ-'nte 'pi prakriti-vikritir jâyate no 'ttamânâm. 3.

„nindantu niti-nipunâ yadi vâ stuvantu;
„lakshmih samâviçatu gacchatu vâ yathe-'shtam;
„adyai 'va vâ maranam astu yugâ-'ntare vâ:
„nyâyyât pathah pravicalanti padam na dhirâh. 4.

„na smaranti parâ-'rthâni, smaranti sva-kritâni ca
„asanto bhinna-maryâdâh; sâdhavah purushottamâh. 5.

„paçavo 'pi hi jivanti kevala-svo-'darambharâh;
„sa jivati punah çlâghyah, parâ-'rthe yas tu jivati. 6.

„prâninâm upakârâya deho yadi na yujyate,
„tatah kim upacâro 'sya pratyaham kriyate mudhâ? 7.

„kim kâyena su-pushtena, balinâ, cira-jivinâ?
„yo na sarvo-'pakâri syâj, jivann api nirarthakah. 8.

„parâ-'rthe jivitam yasya, tasyai 'va khalu jivitam;
„kâko 'pi svo-'dara-pûram karoti ha, na jivati. 9.

„gavâ-'rthe brâhmanâ-'rthe ca, mitrâ-'rthe stri-krite 'tha vâ,
„svâmy-arthe yas tyajet prânâms, tasya svarga-nirâmayah. 10.

tato Garuda-cancu-prahârena Jimûtavâhano mûrchâm gatah; tasminn avasare Malayavati [nâmâ-'nkitam âbharanam âlakshya] sa-parivârâ çoka-paribhûta-hridayâ tatrai 'va gatâ. mûrchâ-yuktam sva-patim drishtvâ uktam: hâ prânâ-'dhinâtha! hâ svâmin! hâ paropakârin!

α cârugamdhi c. β chinnah chinnah — damdah A; svâdumân ikshudamdah Bacd (ikshukhadah a). γ kântivarnam ÂBcd. δ prânâmtena prakriti(so!)vikritir jâyate mânavânâm a, prânâpâye A, prânatyâga c. — Nach diesem Verse hat c noch eine wenig herpassende Strophe in Çârdûlavikriditam, die ich folgender Massen herstelle:

no, manye, dridha-bandhanâ-"çritam idam, nai 'vâ 'nkuçâ-"ghattanam,
skandhâ-"rohana-tâdanâni ca punar, nai 'vâ 'nyadeçâ-"gamah
cintâm me janayanti cetasi bhriçam smritvâ sva-yûtham vane:
simha-trâsita-bhiru-hasti-kalabhâ yâsyanti kasyâ "çramam?

α für manye vielleicht manyâ Nacken, in Compos. mit dridhabandhanâ- zu lesen. — ânkuço. β skandha. γ cittâm. δ hasti fehlt. — „Nicht, meine ich, dieses Gebundensein (âçritam?) in festen Banden, auch nicht das Stossen mit dem Haken, sowie das Steigen auf die Schulter und das Schlagen, auch nicht das Gehen in die Fremde erzeugt mir (einem Elefanten) Sorge im Herzen, indem ich viel an meine Heerde im Walde denke (und überlege): in wessen Schutz sollen die durch den Löwen in Schrecken gesetzten, furchtsamen Elefantenkälber sich begeben?" Die Beziehung hierher liegt nur darin, dass nicht das eigene Leid, sondern die Sorge um andere den Elefanten bekümmert. — Vers 4 ABacd, Boehtl.[2] 3723 (1581). β lakshmis tathâ bhavatu bhavatâm yathecham d. δ statt pathah: padah d. — Vers 5 AB. β sukritâni B. — Vers 6 Aacd, Boehtl.[2] 4002 (1744). α statt paçavo: paç-

„Sandel behält seinen lieblichen Geruch trotz alles Reibens, ein Zuckerrohrstengel bleibt süss trotz „alles Schneidens, und Gold bewahrt seine schöne Farbe trotz alles Brennens: bei Hochstehenden „erfolgt sogar im Tode kein Wandel ihres angeborenen Wesens." 3.

„Kenner der Lebensweisheit mögen sie tadeln oder loben; das Glück kehre bei ihnen ein oder „ziehe von dannen, wie es ihm beliebt; der Tod komme schon heute oder erst in der folgenden „Generation: charakterfeste Männer weichen keinen Schritt vom rechten Pfade." 4.

„Die Schlechten, welche die Schranken der Sittlichkeit durchbrochen haben, denken nicht an den „Nutzen des andern, sie denken nur an ihre eignen Zwecke: die besten Menschen aber sind hülf„reich." 5.

„Wenn das leben heisst, dass man nur den eigenen Bauch ernährt, so lebt ja auch das Vieh: nur „dessen Leben aber ist des Preisens werth, der auch für andere lebt." 6.

„Wenn der Körper sich nicht dazu schickt, den lebenden Wesen zu helfen, weshalb wird ihm dann „Tag für Tag vergeblich Pflege gewidmet?" 7.

„Was nützt ein wohlgenährter, kräftiger, lange lebender Körper? Wer nicht ein allbereiter Hel„fer ist, der ist, auch wenn er lebt, nichts nütze." 8.

„Wer sein Leben für andere hat, der hat in Wahrheit ein Leben; auch die Krähe macht ja ihren „Bauch voll, aber sie lebt nicht." 9.

„Wer für eine Kuh oder einen Brahmanen, für einen Freund oder für sein Weib oder für seinen „Herrn sein Leben lässt, dem wird es im Himmel wohl gehen." 10.

Hier fiel Dschîmûtavâhana in Folge der Schnabelhiebe des Garuda in Ohnmacht, und in diesem Augenblicke langte Malajavatî [nachdem sie den mit dem Namen bezeichneten Schmuck betrachtet] mit ihrer Begleitung kummererfüllten Herzens dort an. Wie sie nun ihren ohnmächtigen Gemahl erblickte, rief sie aus: „Ach Gebieter meines Lebens! ach mein Herr! ach Du Helfer für andere! ach Du Edelmüthigster! ach Du

---

yaṃto *d*. β kevalaṃ *Ad*, kevalâ *c*; st. svo-: so *A*. δ parâtheyahsajîvanaṃ *c*. — Vers 7 *Aa*. αβ yadi punyopakârâya dehoyaṃ ca *A*. δ mudhî *A*. — Vers 8 *ABabcde*. α kâryena *e* sapushṭena *b*. β st. cira: kila *d*. γ ye na satvopakârî syâj *b*. yo na sarvopakârâya *e*. γδ yan na sarvopakârâya jîvitaṃ ca nirarthakaṃ *a*, ebenso *A*, nur yatra satvop. — yatra sarvopakârâya tac ca jîbaṃ nirarthakâḥ *c*; yan na sâdhûpakârâya tasya jîvo nirarthakaḥ *d*; yan na sautopakârasya tac ca jîvanam arthakaṃ *B*. — Vers 9 *Aabce*. β tasmaiva *be*; st. khalu: kila *e*. δ kurute na ca *be*. jîvitaṃ *c*. γδ kâkopi çûkaropilu sa eva kiṃ na jîvati *A*. çûkara statt sûkara (Schwein) haben die HH. auch wo es in der 19. Erz. vorkommt: çaça-mṛiga-çûkara-vyâpâdanâya *b*, ähnlich *ceg*. — Vers 10 *ABabcdg*, Boehtl.² 2100 (828). α brâhmaṇârthe zuerst *be*; guror arthe gavârthe ca *g*. β viprârthe *g*; yoshitâm api *abcg*; st. 'thavâ: 'pivâ *B*. δ svargaṃ niraṃtaraṃ *B*; svarggekshayâgatiḥ *a*; sa svargo çukham açrute (l. svarge sukham âpnute) *d*. γδ gachaṃti kṛitinâṃ prâṇâ gachatu (so *b*, wohl gacchanti zu lesen, te yâṃti *c*) saphalâ dhruvam *bc*.

Die Reihenfolge der Verse ist in den HH. verschieden; in *d*: 3, 1, 4, 6, 8, 10; *c* hat ebenfalls zuerst 3, dann den in der Anm. stehenden Vers, dann 4, 1, 2, 6 u. s. w. Vers 7 habe ich an diese Stelle gesetzt, weil er zwischen 1 und 2, wo ihn *Aa* einfügen, nicht passt.

Z. 11 bis S. 18 Z. 10. Diese Episode bieten nur *cg*. Nach svâmin hat *g*: mahâparopakâra, mahohâ sattvâdhika! hâ jana-vallabha! mamo 'pari prasâdam vidhâya pratyuttaram dehi!" evam pralapamânâm âkarnya Garudena Pâtâlâd amrîtam âniyâ 'bhishiktah; tatah sampûrnâ-'ngo Jîmûtavâhanah samjâtah. tam prati Garudeno 'ktam: „bho mahâsattva! tushto 'ham tava sâhasena; varam brûhi!" Jîmûtavâhaneno 'ktam: „bho bhagavan! yadi tushto 'si, tadâ tvayâ 'ta ûrdhvam Nâgâ na bhakshitavyâh; ye bhakshitâs, te 'pi jîvantu." Garudeno 'ktam: „evam pramânam." ity uktva Garudena Pâtâlâd amritam âniya sarve Nâgâ jîvâpitâh. Garudeno 'ktam: „bho Jîmûtavâhana! mat-prasâdât tava sârvabhaumikam râjyam bhavishyati." imam prasâdam datvâ Garudo 'pi sva-sthâne gatah, Çankhacûdo 'pi sva-sthâne gatah, Jîmûtavâhano 'pi pitri-mâtri-kalatraih saha nijâ-'çramam gatah. Garuda-bhayâd gotribhih pâdayor lagitvâ râjyam samarpitam.

etat kathânakam kathayitvâ Vetâleno 'ktam: „râjan, kathaya! Jîmûtavâhana-Çankhacûdayor madhye kah sattvâdhikah?" râjnâ Vikramaseneno 'ktam: „Çankhacûdah sattvâdhikah." Vetâleno 'ktam: „kena kâranena?" râjno 'ktam: „yo gatvâ punar âgatah; Garudo bhakshamâno nivâritah; bhanitam: „„mâm bhakshaya!"" tathâ sva-sthâne parasya maranam prathamam eva tena nishiddham." Vetâleno 'ktam: „yena parâ-'rthe prâna-tyâgah kritah, sa katham sattvâdhiko na bhavati?" râjno 'ktam: „janmani janmani Jimûtavâhanasya parâ-'rthe prâna-tyâgâ-'bhyâso 'bhavat, tasya prâna-tyâge pîdâ na bhavati. tathâ ca:

„janma-janmany abhyastam yad dânam, adhyayanam, tapah,
„tenai 'vâ 'bhyâsa-yogena tad evâ 'bhyasyate punah.

„atah kâranât Çankhacûdah sattvâdhikah." iti çrutvâ gato Vetâlah; punar api tatrai 'va çimçipâ-vriksha-çâkhâyâm avalambitah, râjâ 'pi tatra samprâptah.

iti Çivadâsa-viracitâyâm Vetâlapancavimçatikâyâm pancadaçamam kathânakam samâptam.

---

dadhe (vielleicht zu lesen: hâ paropakâra-mahodadhe Meer der Hülfe, cf. kârunya-nidhi Kathâs. 22, 219), mahâsatvâdhika, hâkâmta, hâsadâçâmt(a), havidagdhacûdâmane(!), hâbhimaparâkrama, hâjanav. etc.

Z. 7 ff. *g*: gacha jîmûtavâhana nijâçrame, mama prasâdât tava çatravah dâsatvam yâsya(m)ti, tato garudâd varam labdhvâ saparivâro svâçramam gatah.

Z. 14 f. Die Worte bhanitam — nishiddham nur aus *bce*; dafür *Bd*: prathamam jîmûtavâhano (pi *B*) nivâritah (-taçca *d*).

Liebling der Menschen! Erbarme Dich meiner und gieb mir Antwort." Als sie der Garuda so wehklagen hörte, holte er aus Pâtâla Amrita*) herbei und besprengte ihn damit, wodurch Dschîmûtavâhana wieder seinen vollständigen Körper bekam. Zu ihm sprach der Garuda: „O Hochherziger! Ich bin zufrieden mit Deiner Entschlossenheit; sprich einen Wunsch aus!" Dschîmûtavâhana sprach: „O Erhabener! Wenn Du zufrieden bist, so mögest Du von jetzt an keine Schlangen mehr verzehren, und die schon verzehrt sind, auch die mögen wieder leben." Der Garuda erwiederte: „So soll es geschehen." Mit diesen Worten holte der Garuda aus Pâtâla Amrita herbei und machte die Schlangen alle wieder lebendig; dann sprach er: „Dschîmûtavâhana! Durch meine Gunst wirst Du die Herrschaft über die ganze Erde besitzen." Nachdem er diese Gunst gewährt, ging der Garuda nach seinem Wohnsitz, auch Çankhatschûda ging an seinen Ort, und auch Dschîmûtavâhana kehrte mit Vater, Mutter und Gattin nach Hause zurück. Aus Furcht vor dem Garuda warfen seine (Dschîmûtavâhana's) Verwandten sich ihm zu Füssen und gaben ihm die Herrschaft wieder.

Nachdem der Vetâla diese Geschichte erzählt, sprach er: „Sage, o König! Wer ist unter den beiden, Dschîmûtavâhana und Çankhatschûda, der Edelmüthigste?" König Vikramasena erwiederte: „Çankhatschûda ist der Edelmüthigste." Der Vetâla fragte: „Aus welchem Grunde?" und der König antwortete: „Weil er, nachdem er weggegangen, wieder zurückkam; er hat dem Garuda, während er frass, Einhalt gethan und gesagt: „„mich verzehre!"" er hat zuerst den Tod eines andern statt seiner zurückgewiesen." Der Vetâla sprach: „Warum ist derjenige, welcher für einen andern sein Leben liess, nicht der Edelmüthigste?" Der König erwiederte: „Dschîmûtavâhana hatte in seinen früheren Existenzen die Gewohnheit für andere sein Leben zu lassen, er empfindet beim Hingeben seines Lebens keine Qual. So heisst es auch:

„Hat man in allen vorangehenden Geburten Spenden, Studium und Kasteiungen sich angelegen
„sein lassen, so giebt man gerade dieser fortgesetzten Uebung wegen immer und immer wieder
„sich denselben hin."

„Aus diesem Grunde ist Çankhatschûda der Edelmüthigste." Als dies der Vetâla gehört, war er verschwunden und hing wieder eben dort an einem Zweige des Çinçipabaumes, und der König ging ihm dorthin nach.

So ist in der von Çivadâsa verfassten Vetâlapantschavinçatikâ die fünfzehnte Erzählung zu Ende.

*) Amrita = Ambrosia ist der Trank der Unsterblichkeit, Lebenssaft.

Z. 15. °prâṇadânaṃ kṛitaṃ *bde*, âtmâ dattaḥ *a*, âtmânaṃ dattaṃ *A*, yaḥ — prâṇaṃs tyajati *B*.

Z. 17. prâṇatyâge samarthosti *c*, jîmûtavâhanena par. prâṇatyâgo sakṛit (l. °sakṛit) kṛitosti *A*, prâṇâṃs tyaktâ *B*; prâṇatyâgaḥ kṛitaḥ, âbhyâsât tasya etc. *d*. — kâpi pîḍâ na hi *g*, tâdṛiçî pîḍâ *be*; darnach *c*: çaṃkhacûḍaḥ bhîrus tena satvaṃ kṛitaṃ tena çaṃkhacûḍaḥ satvâdhikaḥ.

Z. 18 f. *ABd*, Boehtl.² 2331. *α* janmajanmayadabhyastaṃ alle (für yad: jad *B*). *γ* taireva *B*. *δ* tathaivâbhyâsate *A*.

Recension der Handschrift f.

Punas tam âdâya pracalitam nripam Vetâlah: „çrûyatâm!“ iti prâha.

Himâcalasyo 'pari Kâncanapuram[a]) nâma nagaram asti. tatra Jimûtaketur nâma râjâ; tasya Vidyâdhara-putrî Kanakavatî nâma bhâryâ, tasya Jimûtavâhano nâma putro 'bhût. sarva-guna-sampannam tam râjye 'bhishicya pitâ kalpavriksham sudhâ-phalam dadau. tena dâridra-nâçâ-'rtham sa kalpavriksho 'rthibhyah pratipâditah: kshanena hemnâ paripûrya so 'driçyo 'bhût. sura-vriksha-rahitam jnâtvâ gotrinas[b]) tad-râshtra-haranâyo 'dyamam cakruh. atha Jimûtavâhanas tad-viceshtitam jnâtvâ tad-vadhâ-'kulita-manâ râjyam tyaktavân; sa pitrâ mâtrâ ca saha tapase Siddha-sevitam Malayam yayau; tatra gatvâ pitroh[c]) saparyâm kurvan Jîmûtavâhanas tasthau.

tatah kadâcin Madhukarâ-'khyena[d]) sakhyâ saha ramanîyam udyânam drashtum yayau; tatre 'çvara-prâsâdam dadarça; tatra Devî-grihe divyâm kanyâm apaçyat. tâm vilokya sa Kâma-bâna-parâhrito[e]) babhûva; sâ 'pi tam vilokya Kâma-vaça-gâ 'bhavat. tatah sa râjâ tatra gatvâ: „ke 'yam bhavati?“ iti tat-sakhîm papraccha. sâ ca: „Viçvâvasor Gandharvapateh sutâ Malayavatî bhavatî“ 'ti Jîmûtavâhanena prishtâ pratyâha. atha sakhîm âhûya[f]) sâ pratasthe. tato nija-mandiram prâpya Makaraketunâ †drishtâ[g]) ati-vyathitâ 'bhavat. tatah sakhyâ prishtâ sâ prâha: „tatro 'dyâne ko 'pi purusho drishtah; tad-darçanam ârabhya mamai 'vam avasthâ jâtâ.“ Jîmûtavâhano 'pi tâdrig-avastho 'bhût; tato Madhukarena sakhyâ prishtas tad evam samtâpa-kâranam âha. tatah sâ udyâne gatvâ vrikshe pâçam baddhvâ âtmânam vyâpâdayitum udyatâ Bhagavatîm prâha: „bhagavati Gauri! janmâ-'ntare 'pi sa eva me bhartâ bhûyât!“ ity uktvâ yâvad âtmânam vyâpâdayati, tâvad Devî prâha: „Jîmûtaketoh putraç cakravartî Jîmûtavâhanas te bhartâ bhavishyati.“ iti Devyâ nishiddhâ. imam ca vrittântam drishtvâ Madhukarah prâha: „ehî“ 'ti[h]). tâvat[i]) tasyâh sakhî prâha: „Jîmûtaketunâ Jîmûtavâhanâ-'rtham Viçvâvasus tvâm yâcitah, adyai 'va tava vivâho vartate; âgaccha nija-mandiram!“ iti çrutvâ Malayavatî Jîmûtavâhanaç ca sva-mandiram gatau. tatas tâm parinîya Jîmûtavâhanah pitroh çuçrûshâm kurvan[k]) svairam tayâ saha reme.

ekadâ Viçvâvasunâ saha vanântam âlokayann ambhodhi-tîram jagâma. tatra tam parvatâ-'kâram asthi-samûham dadarça. „kim idam?“ iti prishto Viçvâvasuh prâha: „Garudena bhakshitânâm pannagânâm asthi-samûho 'yam; samprati Vâsukinâ Garudena sama-

---

a) Kamcapuram; vgl. S. XXII Z. 28 und Somad. XII, 90, 5. b) caurinas: wegen der andern Recensionen scheint gotrinas dem sonst nahe liegenden caurâs vorzuziehen. c) pitrâ. d) madhurâkhy.: vergl. Zeile 22. e) parâhato. f) Die ganze Stelle ist verdorben: pratîhâyasimmâhûtâ; statt sakhîm könnte man auch tâm schreiben. g) drishtâ kann nicht richtig sein; statt hrishtâ würde man das Causativum harshitâ „freudig erregt“ erwarten; dann wäre harshitâ vyathitâ ein Oxymoron. h) drishtvâ ist von mir hineingesetzt, in der H. fehlt offenbar ein derartiges Verbum. Das ehi ist kaum verständlich; die Erzählung ist überhaupt sehr lückenhaft. i) tâvatâ. k) çuçrûsham] die H., kurvan nach der ähnlichen Stelle am Schlusse und oben Zeile 8 f. von mir hineingesetzt; vielleicht ist das wenig passende svairam aus kurvams (vor t) entstanden.

Recension der Handschrift f.

Wiederum nahm der König den Leichnam und machte sich auf den Weg, als der Vetâla zu ihm sprach: „Höre zu!"

Auf dem Himâlaja liegt eine Stadt mit Namen Kântschanapura[18]). Dort war ein König Namens Dschîmûtakêtu, welcher die Tochter eines Vidjâdhara Namens Kanakavati[19]) zur Frau hatte; der hatte einen Sohn Namens Dschîmûtavâhana. Nachdem der Vater diesen mit allen Tugenden ausgestatteten Sohn zur Herrschaft geweiht hatte, gab er ihm einen Nektarfrüchte tragenden[20]) Wunderbaum, worauf der Sohn, um die Armuth auszurotten, von der Existenz des Wunderbaumes die Armen in Kenntniss setzte[21]): in einem Augenblick hatte der sie vollauf mit Gold beschenkt und verschwand dann. Als nun bekannt wurde, dass der Götterbaum ihn (den Dschîmûtavâhana) verlassen hatte, machten seine Verwandten einen Angriff, um ihm die Herrschaft zu rauben. Da gab Dschîmûtavâhana, dessen Gemüth, als er deren Treiben sah, über das Blutvergiessen betrübt wurde, die Herrschaft auf und ging mit Vater und Mutter nach dem von den Siddha's[22]) bewohnten Malajagebirge; dort angekommen, lebte Dschîmûtavâhana dort der Verehrung seiner Aeltern hingegeben.

Einstmals ging er mit seinem Freunde, der Madhukara[23]) hiess, um einen anmuthigen Park zu besuchen; dort sah er einen Tempel des Çiva und dabei in einem Tempel der Devî erblickte er ein wunderschönes Mädchen. Bei deren Anblick wurde er von den Pfeilen des Liebesgottes getroffen, und auch sie kam bei seinem Anblick in des Liebesgottes Gewalt. Darauf ging der König hin und fragte deren Begleiterin: „Wer ist dieses Mädchen?" „Sie ist die Tochter des Gandharva-Königs Viçvâvasu[24])", antwortete diese auf die Frage des Dschîmûtavâhana. Darauf rief die Prinzessin ihre Begleiterin zu sich und ging fort, zu Hause angekommen aber empfand sie, vom Liebesgott erregt, heftige Pein. Da fragte eine Freundin sie darum, und sie antwortete: „Dort im Park habe ich einen Mann gesehen; seit ich den erblickt, ist mein Zustand so geworden." Auch Dschîmûtavâhana war in einem ähnlichen Zustande, und als ihn sein Freund Madhukara darnach fragte, nannte er denselben Grund seiner Qual. Die Prinzessin nun ging wieder in den Park, knüpfte an einen Baum einen Strick, und entschlossen sich umzubringen sprach sie zu der erhabenen Göttin: „Erhabene Gauri! in einer anderen Welt möge er mein Gatte werden!" Als sie dies gesagt und eben im Begriffe war sich umzubringen, da sprach Devî: „Der Sohn des Dschîmûtakêtu, der Weltherrscher Dschîmûtavâhana, wird Dein Gatte werden." So wurde sie von Devî zurückgehalten. Diesen Vorgang aber hatte Madhukara mit angesehen und sprach (zu Dschîmûtavâhana): „Komm!"(?) Unterdess kam die Freundin der Prinzessin und sprach zu ihr: „Dschîmûtakêtu hat für Dschîmûtavâhana bei Viçvâvasu um Dich angehalten, heute noch ist Deine Hochzeit; komm mit nach Hause!" Als sie das gehört, gingen Malajavatî und Dschîmûtavâhana nach Hause. Darauf heirathete Dschîmûtavâhana sie und lebte im Gehorsam gegen seine Aeltern nach eigenem Wunsche mit ihr vergnügt.

Eines Tages, als er mit Viçvâvasu einen Wald besuchte, kam er an das Ufer des Meeres und erblickte dort einen wie ein Berg aussehenden Haufen von Knochen. „Was ist das?" fragte er den Viçvâvasu, und dieser sagte: „Dieser Knochenhaufen ist von den vom Garuda gefressenen Schlangen; jetzt hat nun

---

[18]) Goldstadt. [19]) Die Goldreiche. [20]) Ich zweifle ob dies Attribut richtig ist; sudhâphala könnte wohl auch bedeuten: dessen Frucht das Wohlbefinden ist. [21]) Bei Somadeva XII, 90, 12 ist der Wunderbaum, der im Garten des königlichen Palastes steht, allen Wesen unsichtbar, ausser, wie es scheint, dem König; er wird also hier dem Dschîmûtavâhana bei seiner Einweihung zum Herrscher übergeben. [22]) Eine Art Heilige. [23]) Biene (Honigmacher). [24]) Die Gandharva's sind die himmlischen Sänger im Hofstaate Indra's. Viçvâvasu (= allen wohlthuend) ist auch im Rigveda der Name eines göttlichen Gandharva (Dêvagandharva); neben den göttlichen giebt es niedriger stehende menschliche (Manuschjagandharva).

yam vidhâya pratyaham ekaiko Nâgo visrijyate." atrâ 'ntare „hâ Çankhacûde!" 'ti rudati tan-mâtâ drishtâ; „hâ Çankhacûda! hâ Çankhadhavala! ity-âdi nânâ-vidham vilapanti tena drishtâ. Jîmûtavâhanah prâha: „adya tvadîyam putram âtma-dânena rakshishyâmi" 'ti. „he Çankhacûda! tvam tishtha! aham ca tvat-krite âtmânam prayacchâmi." Çankhacûda âha: „evam na vâcyam! mâdriçasya trinasya krite jagad-âlambana-bhûtasya vinâçah kriyate. santi samudre mâdriçâ bahavah parâh çatâh, bhavâdriças tu prithivyâm na driçyate. atah katham trinasya mûlyena[l]) ratnam vikriyate?" evam âgraham kurvann api Çankhacûdo nishiddhah.

atha Garudah samâgatas, tena Jîmûtavâhanena Garudâyâ "tmâ samarpitah. mukhe nikshipya nîyamânasya[m]) tasya rakta-dhârâ-purahsaram cûdâ-ratnam Malayavatyâ anke [cûdâ-ratnam] apatat, sâ ca samtrasta-manâs taj Jîmûtaketave[n]) nyavedayat. tatah Çankhacûdas tam deçam âgatya: „hâ mahâsattva Vidyâdhare-'ndra-putra[o])! kva gato 'si?" 'ty âdi vilalâpa. iti vilapya jîvita-tyâgâya[p]) dridha-matir[q]) Garuda-padavîm anusasâra. „aho, susattvavân esha!" iti samjalpan[r]) Garudo visismiye[s]). çesha-jîvam api prasanna-vadanam tam vilokya[t]) „ko bhavân?[u])" iti Garudah papraccha. Jîmûtavâhanah prâha: „kim etena[v]) vicârena? çighram mâm[w]) bhakshaya!" etasminn avasare Çankhacûdah samabhyetyâ[x]) 'bravît: „hâ mahâsattva! Garuda[y]), mâ sâhasam krithâh![z]) prâptam Çankhacûdam mâm na paçyasi? ayam Vidyâdhare-'ndra-putro bhavati! madiyam jihvâ-dvayam paçya!" ity uktvâ vipulam vakshah prasârya „mâm bhakshaye!" 'ty âha suparnam. tato 'sthi-çesham tam tyaktvâ pannage-"çvare vishanne[a]) sati Malayavatî gurubhyâm sahâ "yayau. Malayavatî tathâgatam prâna-nâtham vilokya mumoha; Jîmûtaketus tanayam vilokya jâyayâ saha papâta. †Târkshyenâ "çvâsya mânusheshu gateshu[b]) mâtâ putram samsmritya çuçoca. Kimcic-chesha-jîvah sa jananîm abravît: „vinaçvarasya asya çarîrasya, mâtah, kim çocyate?" atha Malayavatî maranai-'ka-krito-'dyamâ Bhagavatyâ nishiddhâ. Jîmûtavâhanam ca jîvitavatî tasmai cakravarti-padavîm dadau. iti kritvâ Bhagavatî tirodadhe. tato Devagandharvâh sarve 'pi tasya sattvam apûjayan, Garudo 'pi tasya varadah samvrittah. tatas tena yâcitah sarva-nâgânâm abhaya-dakshinâm dadau, pran-mâritân asthi-çeshân pannagâmç câ 'jîvayat. tato Jîmûtavâhanah Kâncanapuram prâpya pitroh[c]) çuçrûshâm[d]) kurvan dayitayâ saha reme.

iti kathayitvâ[e]) Vetâlo nripam papraccha: „Çankhacûdah sattvavân uta Jîmûtavâhanah?" râjâ prâha: „Çankhacûdah sattvavân; atho[f]) bâlo 'pi nijan-"cityân na cacâla; Jîmûtavâhanasyâ "tma-dâne kim citram? bodhisattvo bahuças tanum dattavân."

---

l) mûlye. m) nîyamânam; es könnte allenfalls auf ratnam bezogen werden, doch ist das gezwungen. n) jîmûtaketuve. o) -putram. p) jîvina-. q) -mati. r) sa(n?)jayan. s) garude vismiye. t) vilokâ. u) savan. v) ete. w) sâm. x) -etvâ. y) ruda. z) krithâ. a) vishamne. b) Offenbar ein grösseres Verderbniss, zu dessen Heilung aber keine der andern Recensionen einen Anhalt bietet. Das partic. praes. âçvâsayamânâ, das man vermuthen könnte, scheint mir nicht recht zu passen. Für das unverständliche mânusheshu gateshu vielleicht zu lesen prâneshu pratyâgateshu nachdem ihre Lebensgeister zurückgekehrt. c) pitro. d) çuçrûsham. e) kathaitvâ. f) ayo.

Vâsuki[85]) mit dem Garuda ein Abkommen getroffen, und täglich wird ihm nur eine Schlange überliefert." In diesem Augenblicke erscholl es: „Ach Çankhatschûda!" und man sah dessen weinende Mutter; „ach Çankhatschûda! ach Çankhadhavala!" [86]) Mit solchen Ausrufen sah man sie in mannichfacher Weise wehklagen. Da sprach Dschîmûtavâhana: „Heute werde ich Deinen Sohn durch Aufopferung meines eigenen Lebens retten. Çankhatschûda! bleibe Du hier! ich will für Dich mich selbst dahingeben." Çankhatschûda erwiederte: „So musst Du nicht reden! für einen Grashalm wie ich würde ein Wesen vernichtet, das eine Stütze der Welt ist. Es giebt im Meere von Meinesgleichen noch Hunderte, aber Deinesgleichen ist in der Welt nicht zu finden. Warum soll also für den Preis eines Grashalms ein Juwel verkauft werden?" Obgleich nun Çankhatschûda in dieser Weise Widerstand leistete, wurde er doch zurückgehalten.

Darauf kam der Garuda herbei und Dschîmûtavâhana bot ihm sich selbst dar. Während nun dieser ihn im Schnabel davonführte, fiel das Juwel, welches er auf dem Scheitel trug, mit Blutstropfen bespritzt herab in den Schoss der Malajavatî, und diese erzählte es erschrockenen Herzens dem Dschîmûtakêtu. Darauf kam Çankhatschûda an diese Stelle und rief: „O hochherziger Sohn des Vidjâdharakönigs, wo bist Du hingegangen?" So jammernd ging er, entschlossen sein Leben zu lassen, dem Garuda nach. Der Garuda aber sprach verwundert (bei sich): „O, dieser da (näml. Dschîmûtavâhana) ist sehr standhaft!" Und da er sah, wie dieser, kaum noch am Leben, doch noch ein freundliches Gesicht zeigte, fragte ihn der Garuda: „Wer ist der Herr?" Dschîmûtavâhana sprach: „Wozu dieses Bedenken? Geschwind verzehre mich." In diesem Augenblicke kam Çankhatschûda heran und rief: „Ach Du Hochherziger! Garuda, begehe keine Uebereilung! Siehst Du nicht, dass ich, Çankhatschûda, eingetroffen bin? Dies ist der Sohn des Königs der Vidjâdhara's! Sieh doch meine doppelte Zunge!" So sprach er; und wiederum weit die Brust ausdehnend rief er dem Adler zu: „Mich verzehre!" Da liess der König der Vögel den Dschîmûtavâhana, der fast nur noch ein Gerippe war, los und war in grosser Bestürzung; indess kam Malajavatî mit ihren Aeltern herzu. Als nun Malajavatî ihren geliebten Gatten in diesem Zustande erblickte, wurde sie ohnmächtig, und auch Dschîmûtakêtu und seine Frau fielen beim Anblicke ihres Sohnes um. Der Garuda brachte sie wieder zu sich; und als nun die Mutter wieder des Sohnes gedachte (?), war sie in grösster Trauer. Da sprach dieser, so wenig Leben er auch noch hatte, zu seiner Mutter: „Was trauerst Du, Mutter, um diesen vergänglichen Körper?" Malajavatî wiederum richtete ihren Sinn einzig auf den Tod, aber Devî wehrte es ihr, machte den Dschîmûtavâhana wieder lebendig und gab ihm eine weltbeherrschende Stellung. Nachdem sie dies vollführt, verschwand Bhagavatî[87]). Darauf bezeigten alle Dêvagandharva's dem Heldenmuthe des Dschîmûtavâhana ihre Verehrung, und auch der Garuda wurde ihm geneigt, seine Wünsche zu erfüllen Auf sein Bitten gewährte er allen Schlangen Sicherheit ihres Lebens, und die früher getödteten Schlangen, von denen nur noch die Knochen übrig waren, machte er wieder lebendig. Darauf kehrte Dschîmûtavâhana nach Kântschanapura zurück, und im Gehorsam gegen seine Aeltern lebte er mit seiner Gattin vergnügt.

Nachdem der Vetâla dies erzählt, fragte er den König: „Ist Çankhatschûda der Heldenmüthige oder Dschîmûtavâhana?" Der König sprach: „Çankhatschûda ist der Heldenmüthige; denn, obwohl noch jung, hat er aus eigner Gewöhnung nicht gezittert. Was ist an der Selbstaufopferung des Dschîmûtavâhana Wunderbares? Als Bodhisattva[88]) hat er oft seinen Leib dahingegeben."

---

[85]) Der Fürst der Schlangen. [86]) Zuweilen werden Namen in der Weise geändert, dass für den einen Bestandtheil ein gleichbedeutendes Wort eingesetzt wird, z. B. Vikramârka statt Vikramâditya, da arka und âditya beide Sonne bedeuten; aber dhavala weiss ist kein Synonym von cûda Haarwulst; daher scheint ein Verderbniss vorzuliegen. çankhadhavalâ heisst eine Art Jasmin. [87]) Bhagavatî heisst die Ehrwürdige oder Erhabene, wie Gaurî, und wird hier geradezu als Name dieser Göttin gebraucht. [88]) Bodhisattva heisst ein Mensch, welchem die vollkommene Erkenntniss (bodhi) aufgegangen ist, welcher das Wesen eines Erleuchteten (buddha) besitzt.

„tapas tîvram, yaçaḥ çubhram, çlâghyâ strî, sattvam unnatam
„nirvyâja-dânam hi nriṇâm*): pûrvâ-'bhyastam¹) hi jâyate."
iti çrutvâ 'lakshito 'bhûd Vetâlaḥ. iti shodaçî kathâ samâptâ.

Recension des Dschambhaladatta.

trayoviṃça-kathâ-'rambbah.

5 atha râjnâ punar âniyamâno Vetâlaḥ kathâm aparâm kathayati.
deva! asti Narmadâ-tîre Dharmapura-nâmadheyam nagaram. tatra Jimûtavâhano
nâma râjâ babhûva. sa râjâ 'mâtya-sahitaḥ sukhâ-'sîna âste. ity eva kâle ekâ strî ka-
runa-svareṇa roditi. Krandanam çrutvâ râjâ pratîhâram âdideça: „pratîhâra! kâ roditi
gatvâ vicâraya." tato gatvâ vadati: „mâtaḥ! kâ tvam katham vâ rodishi?" sâ brûte:
10 „Nâga-mâtâ 'ham, putra! mamâ 'shta putrâ Garuḍena khâditâḥ; esha ekaḥ putro vidyate,
etam dvesha-bhâvena khâditum spribayati, tenâ 'ham kraudâmi." tataḥ pratîhâro gatvâ râjânam jnâpayâmâsa: „deva! Çankha-nâmno Nâgasya mâtâ 'sau roditi. tasyâ ashtau putrâ
Garuḍena khâditâḥ; eka eva putro vidyate, tam api vairi-bhâvena khâditum spribayati.
bhavishyat-putra-çokam adhigamye 'ti.¹)" tat çrutvâ râjâ vadati: „pratîhâra! gatvâ tâm
15 jnâpaya: aham tasyâḥ putra-rakshâm karishyâmi iti; kintu Garuḍasyâ 'gamana-kâlaṃ sama-
dhigamya nûm neshyati." tac chrutvâ pratîhâro gatvâ Nâga-mâtaram abravît: „Nâga-
mâtas! tava putram râjâ rakshishyati; kintu Garuḍâ-'gamana-kâle râjânam jnâpayishyasi.¹)"
ity uktvâ calitaḥ.

atha tayâ Garuḍâ-'gamana-kâle nîto râjâ parama-dhârmiko Jimûtavâhanaḥ tasmai
20 Garuḍâya sva-deham upadhaukitavân¹). tato Garuḍo nripateḥ pârçvam ekam akhâdayat.
anantaram pârçva-parivartanam âcaryâ 'para-pârçvam upanîya*) vadati: „pâpishthena mayâ
khâditaḥ." atha râjo 'vâca*): „he*) mahâçaya! khage-'çvara! etat pârçvam api sukhena
khâditvâ nija-sthânam sarpatu*) bhavân." tac chrutvâ sahasâ vitarkya Garuḍo vismito
'cintayat: „ko 'yam mahâ-yaçâḥ pâpishthena mayâ khâditaḥ? anye*) tâvan mad-darçanena
25 prâṇâms tyajanti, ayaṃ ca*) khâdyamâno 'pi prasanna etad vacanam vadati; viçeshataç ca*)
yajnopavîta-dhârî driçyate, tasmât brahma-vadham kritavân asmi." iti vicintya Garuḍas
tam abravît: „bho mahâsattva! kim brâhmano bhavân?" râjâ vadati: „nâ 'ham vipraḥ.
samdeham vimucya¹) bhavân mâm khâdatu." Garuḍo vadati: „kiṃ kshatriyo 'si?" tat
çrutvâ râjâ tûshṇîm sthitaḥ. Garuḍaḥ punas tam abravit: „bho mahâsattva! bhavato var-

---

r) nriṇâm. s) -bhyamsta. ¹) Nach iti erwartet man noch ein Verbum. Die *Beng.* beginnt unglück-
licher Weise gerade erst nach diesen Worten wieder. ₁) jnâpayishyati ity *Beng.*; jnâpayishyatity *Calc.* ¹) upa-
dhaukaylvân *Beng.* m) apanîya *Calc.* n) Die Worte pâpishthena bis uvâca fehlen in *Beng.* °) he fehlt in *Calc.*
ₚ) samarpayatu *Beng.* ₓ) auyaḥ *Beng.* ᵣ) ca tu *Beng.* ₛ) viçeshataḥ *Calc.* ₜ) vimucyatu *Beng.*

„Strenge Busse, glänzender Ruhm, ein preisenswerthes Weib und erhabener Muth ist eine nicht „trügerische Gabe (des Himmels) für die Menschen: durch eifriges Bemühen in einem früheren „Leben wird sie erworben."

Als dies der Vetâla gehört, war er verschwunden. So endet die sechzehnte Geschichte.

Recension des Dschambhaladatta.

Beginn der dreiundzwanzigsten Geschichte.

Darauf von dem Könige wieder herbeigeholt erzählte der Vetâla eine weitere Geschichte.

Herr! Es giebt am Ufer der Narmadâ [29]) eine Stadt mit Namen Dharmapura [30]), dort war ein König Namens Dschimûtavâhana. Dieser König sass einmal von seinen Räthen umgeben behaglich da, da weinte eine Frau mit kläglichem Ton. Als der König das Jammern hörte, befahl er dem Thürhüter: „Thürhüter! geh und sieh zu wer die ist, die da weint." Da ging der hin und sagte: „Mutter! wer bist Du und warum weinst Du?" Sie sprach: „Ich bin eine Schlangenmutter, mein Sohn! Von mir hat acht Söhne der Garuda verschlungen; diesen einen Sohn habe ich noch, und auch den begehrt er aus Hass noch zu verschlingen, deshalb jammere ich." Da ging der Thürhüter und setzte den König in Kenntniss: „Herr! Die Mutter einer Schlange mit Namen Çankha ist es, die hier weint. Von der hat acht Söhne der Garuda verschlungen, einen Sohn hat sie nur noch, und auch den begehrt er aus Feindseligkeit noch zu verschlingen. So sprach sie in Erkenntniss des bevorstehenden Kummers um ihren Sohn." Als der König das hörte, sprach er: „Geh und melde ihr, ich würde ihren Sohn retten. Aber wenn sie merkt, dass die Zeit, wo der Garuda kommt, da ist, soll sie mich hinführen." Darauf ging der Thürhüter hin und sprach zu der Schlangenmutter: „Schlangenmutter! Deinen Sohn wird der König retten. Aber zu der Zeit, wo der Garuda kommt, sollst Du den König in Kenntniss setzen." Mit diesen Worten ging er fort.

Darauf wurde zu der Zeit, wo der Garuda kam, der tugendreiche König Dschimûtavâhana von der Frau hingeführt und bot dem Garuda seinen Leib dar. Da verzehrte der Garuda die eine Seite des Herrschers. Als er nun unmittelbar darauf ihn herumdrehte und die andere Seite vornahm, sprach er: „Ich bin ein Bösewicht, dass ich ihn verschlinge." Da sprach der König: „Hochgesinnter! König der Vögel! Möge der Herr nicht ohne auch diese Seite mit Genuss verzehrt zu haben nach seiner Behausung zurückkehren." Als dies der Garuda hörte, kam er plötzlich auf eine Vermuthung, und verwundert überlegte er bei sich: „Wer ist dieser Ruhmwürdige, den ich da verschlinge? Andere geben schon bei meinem blosen Anblicke ihren Geist auf, und dieser spricht selbst während er verschlungen wird heiter dieses Wort; zumal sehe ich auch, dass er die heilige Opferschnur [31]) trägt, also habe ich einen Brahmanenmord begangen." Nach dieser Ueberlegung sprach der Garuda zu ihm: „O Hochherziger! ist der Herr etwa ein Brahmane?" Der König sprach: „Ich bin kein Brahmane. Gebe der Herr den Zweifel auf und verzehre mich." Da sprach der Garuda: „Bist Du ein Kschatrija?" Auf diese Frage blieb der König stumm. Da sprach der Garuda wiederum zu ihm: „O Hochherziger! Der Stand des Herrn ist erkannt; jedoch sage mir Bösewicht Deinen Namen." So gedrängt sprach der König: „König der Vögel! Ich bin der König Dschimûtavâhana." Da sprach der Garuda: „Aber ich verzehre ja Schlangen, wie kommt es also, dass der Herr sich selbst verzehren lässt?" Auf diese Frage erwiederte jener:

[29]) jetzt Nerbudda. [30]) Tugendstadt. [31]) Die Brahmanen haben eine Schnur, beim Opfern in bestimmt vorgeschriebener Weise, umhängen.

nah samadhigatah; kintu nija-nâma pâpishtham mâm jnâpaya." nirbandhâ-'tiçayena râjâ brûte: „pakshi-râja! Jimûtavâhana-nripatir aham!" Garudo vadati: „aham tâvan Nâgân khâdâmi, tat bhavân katham âtmânam khâdayati?" iti prishto brûte: „khage-'çvara! Çankhasya[u]) mâtur ashtau putrâ bhavatâ khâditâh; eka eva putro 'vaçishtas, tam api khâditum sprihayati[v]) bhavân; iti sâ roditi. tad aham[w]) pratijnâtas tasya rakshâ-'rtham âtma-çariram upanitavân." tat çrutvâ duhkhito bhûtvâ Pâtâlam praviçyâ 'mritam âniya Garudo Jimûtavâhanasya çariram sampûrnam kartum udyato 'bhavat. tadâ râjâ vadati: „bho pakshi-râja! yady evam syât, tadâ 'shtau Nâga-putrân jivayâ 'gratah, paçcât yat yuktam, tat âcarishyati bhavân." etena vacanena Garudah prito bhûtvâ tân sarvân jîvayitvâ paçcât nripatim jîvayati sma. tatah sâ Nâga-mâtâ nava-putra-sahitâ suprîtâ nirbhayâ tatrai 'va sthitâ, Jîmûtavâhano 'pi svâ-'layam[x]) âjagâma. — „Jîmûtavâhana-Garudayor madhye ko mahâ-yaçâh[y])? iti vadatu devah." râjâ vadati: „çrinu, re Vetâla! Jîmûtavâhanah: „„pakshi-râjâ mâm yajnopavîta-dhârinam âlokya na khâdishyati, viçeshataç ca[z]) tena saha mama virodho nâ 'sti. tasmât Nâga-putrasya rakshanam âcarya mahâ-punyam prâpnomi."" 'ti vicintya Garudâya sva-çariram upanîtavân. kintu Garudo mahâ-yaçâh[aa])". nripatâv iti vâdini Vetâlah çimçapâ-vrikshe punar lalâga. iti trayovimça-Vetâla-kathâ-prabandhah.

„König der Vögel! Von der Mutter des Çankha hat der Herr acht Söhne verschlungen; ein Sohn blieb nur noch übrig, und auch den begehrte der Herr zu verschlingen, darum weinte sie. Da nun ich das erfahren, habe ich, um diesen zu retten, meinen eigenen Leib dargeboten." Als dies der Garuda hörte, wurde er von Schmerz ergriffen, stieg nach Pâtâla hinab, holte Amrita herbei und war eben im Begriff den Leib des Königs wieder vollständig zu machen, als der König sprach: „O König der Vögel! Wenn es so steht, so mache zuerst die acht Schlangensöhne wieder lebendig, hernach möge der Herr das was angemessen ist vornehmen." Durch diese Rede erfreut machte der Garuda die alle wieder lebendig, hernach belebte er auch den König. Darauf blieb die Schlangenmutter mit ihren neun Söhnen sehr erfreut und ungefährdet dort wohnen, und Dschîmûtavâhana ging nach Hause. — „Wer ist von den beiden, Dschîmûtavâhana und dem Garuda, der Rühmenswerthe? Das möge der Herr sagen." Der König sprach: „Höre, o Vetâla! Dschîmûtavâhana überlegte: „„Der König der Vögel wird, wenn er sieht, dass ich die heilige Opferschnur trage, mich nicht verschlingen; zumal habe ich mit diesem keinen Streit[bb]). Daher werde ich, wenn ich die Rettung des Schlangensohnes vollführe, mir ein grosses Verdienst erwerben."" In dieser Erwägung bot er dem Garuda seinen eigenen Leib dar. Folglich ist der Garuda der Rühmenswerthe." Als der König so gesprochen, hing sich der Vetâla wieder an den Çinçapâbaum. So ist die dreiundzwanzigste Vetâlageschichte.

---

u) çangacûdasya (so!) *Calc.* v) câhayati *Beng.*, wohl nur Schreibfehler. w) tadâham *Beng.* x) svam âlayam *Beng.* y) -yaça *Beng.* z) viçeshatah *Calc.* aa) -yaçah *Beng.*

bb) Dies bezieht sich wohl darauf, dass der Garuda in Folge einer alten Feindschaft die Schlangen auffrisst, wie im Anfange erwähnt und bei Somadeva ausführlich erzählt wird.

Schulnachrichten

von Ostern 1876 bis Ostern 1877.

I. Chronik des Gymnasiums.

Mit dem Schlusse des Sommersemesters schied aus dem Collegium nach achtjähriger Amtsthätigkeit Herr Dr. Gustav Carl Otto Körting, einem ehrenvollen Rufe als ordentlicher Professor der romanischen und englischen Philologie an der theologisch-philosophischen Akademie zu Münster in Westphalen folgend. Kurze Zeit darauf wurde der College Dr. Ludwig Gustav Hausmann, welcher seit Neujahr 1871 am Gymnasium wirkte, als Director der hiesigen städtischen höheren Töchterschule gewählt. Er trat sein Amt mit Neujahr 1877 an. Da für die dadurch erledigte Stelle ein sofortiger Ersatz nicht gefunden werden konnte, so blieb Herr Director Dr. Hausmann wenigstens mit einem Theil seiner früheren Lehrthätigkeit zunächst noch der unsere, indem er den Geschichtsunterricht in der Nebenprima bis zum Schluss des Schuljahres fortführte, wofür wir sowohl hier unsern besten Dank aussprechen, als auch Gleiches für die feierliche Verabschiedung beim letzten Schulactus vor Ostern uns vorbehalten. Herr Prof. Dr. Körting schied von seinen Collegen und Schülern, als dieselben am Schlusse des Sommersemesters in üblicher Weise in der Aula versammelt waren. Beiden früheren Collegen sei hiermit die verdiente Anerkennung für ihre eifrige und erfolgreiche Amtsthätigkeit und das Bedauern, dass wir sie aus unserer Mitte mussten scheiden sehen, ausgesprochen.

Nach entsprechender Ascension zunächst der Collegen Dr. Grundt bis Boxberger, sodann des Collegen Dr. Wimmer und der folgenden wurde die erledigte letzte (später vorletzte) Oberlehrerstelle, und zwar zunächst provisorisch, Herrn Dr. Gerhard Franz übertragen. Derselbe wurde mit Beginn des Winterhalbjahres am 3. October durch den Unterzeichneten in sein Lehramt eingeführt.

Leopold Gerhard Franz ist geboren am 5. Juni 1851 in Meissen, als Sohn des dortigen Dompredigers. Vorgebildet im Progymnasium, das unter der Leitung seines Vaters stand, besuchte er seit Ostern 1865 die Landesschule zu St. Afra. Nach bestandener Maturitätsprüfung wandte er sich seit Ostern 1871 den philologischen Studien an der Universität Leipzig zu. Nachdem er am Anfange des Jahres 1875 promovirt und gegen Ende desselben Jahres das philologische Staatsexamen absolvirt hatte, trat er das vorschriftsmässige Probejahr am hiesigen Vitzthum'schen Gymnasium an und war ausserdem an dem Böhme'schen Institut als Lehrer der classischen Sprachen thätig, bis er durch Wahl des Stadtrathes zu seiner jetzigen Stellung berufen wurde.

Nach dem Abgang des Herrn Professor Dr. Körting übernahm College Dr. Richter provisorisch das zur Erledigung gekommene Ordinariat der Untertertia B, College Boxberger provisorisch das Ordinariat der Quarta B und das Französische in Obersecunda B. In den französischen Unterricht in Prima B trat zu Michaelis Herr Dr. Hausmann, und nach dessen Abberufung seit Neujahr College Boxberger ein. Das Ordinariat der Sexta und den französischen Unterricht in Quarta und Quinta B führte seit Michaelis der College Dr. Franz.

Für die unterste Lehrerstelle wurde durch Beschluss des Stadtrathes vom 30. Januar 1877 der Candidat des höheren Schulamtes Herr Dr. Eugen Thallwitz, bisher Lehrer an der Käuffer'schen Erziehungsanstalt, designirt, um mit dem Beginn des neuen Schuljahres sein Amt anzutreten.

Nachdem Herr Oberlehrer Robert Edmund Reissmann zu Ostern 1876 infolge einer Berufung an das K. Seminar zu Auerbach i. V. die Stelle eines Gesanglehrers am Gymnasium aufgegeben hatte, trat als sein Nachfolger Herr Bernhard Klinger, Oberlehrer am K. Seminar zu Dresden-Friedrichstadt, ein.

Mit 1. November erhielt der College Boxberger die Eigenschaft als ständiger Oberlehrer und wurde er als solcher durch Decret des Königl. Ministeriums des Cultus und öffentlichen Unterrichts vom 9. December 1876 bestätigt.

Mit Genehmigung des Stadtrathes und auf Befürwortung der Gymnasial-Commission wurde dem Rector auf die Zeit vom 7. April bis 15. Juli behufs einer wissenschaftlichen Reise nach Rom durch das Königl. Ministerium Urlaub ertheilt. Die Rectoratsgeschäfte führte während dieser Zeit der Conrector; den lateinischen und griechischen Unterricht in Oberprima A übernahmen Prof. Schöne, Dr. Neissner und Dr. Meltzer. Für die freundliche Bereitwilligkeit, mit welcher jeder der genannten Collegen für seinen Theil die Stellvertretung und zwar mit bestem Erfolge durchführte, spricht der Unterzeichnete hierdurch seinen aufrichtigen Dank aus.

Wegen Einberufung zum Dienst in der Armee war Herr Dr. Manitius vom 14. August bis 19. September und am 22. September beurlaubt und wurde während dieser Zeit von dem Rector und den Collegen Dr. Neissner, Dr. Uhle, Dr. Snell, Dr. Körting, Dr. Grundt, Dr. Meltzer, Dr. Amthor, Dr. Rietzsch, Dr. Richter, Dr. Urbach, Dr. Sperling, Dr. Weidenbach, Dr. Oehmichen, Boxberger und Candidat Eckhart vertreten.

In den ersten Wochen nach den Sommerferien und vom 28. November bis 8. December war Herr Professor Krieg, Lehrer am Königl. Stenographischen Institut, amtlich beurlaubt und wurde der stenographische Unterricht in den ihm unterstehenden Klassen durch Herrn Dr. Uhle fortgeführt.

Von Neujahr bis Ostern war die früher von Herrn Directer Dr. Hausmann innegehabte Stelle, mit Ausnahme von drei Lectionen, welche derselbe, wie oben bemerkt, beibehielt, zu vertreten. Es übernahmen die Geschichte in Secunda B Dr. Meltzer und Dr. Urbach, in Tertia B Dr. Oehmichen und Dr. Sperling, in Quarta A Dr. Manitius, das Deutsche in Untersecunda B Dr. Urbach, das Ordinariat der Quarta A Dr. Grundt; ausserdem waren College Dr. Weidenbach und Candidat Eckhart indirectbei der Stellvertretung betheiligt.

Wegen Kehlkopfleidens hatte bereits während der Monate December und Januar der College Dr. Amthor seinen Unterricht theilweise aussetzen müssen. Noch bis Anfang Februar ertheilte er, wenn auch mit äusserster Anstrengung, wenigstens einige Lectionen, bis er sich gezwungen sah, vom 5. Februar an seine Lehrthätigkeit bis auf Weiteres ganz einzustellen und mit Beginn des Frühjahrs Erholung und Heilung in einem günstigeren Klima in Aussicht zu nehmen, zu welchem Zwecke ihm Urlaub bis Ende Mai ertheilt wurde. Die Vertretung für ihn wurde bis zum 10. Februar von den Collegen geführt, wobei besonders die speciellen Fachgenossen, Prof. Dr. Abendroth, Dr. Heger und Dr. Rietzsch, soweit als thunlich, den mathematischen und naturwissenschaftlichen Unterricht fortsetzten. Vom 12. Februar an trat für den naturgeschichtlichen Unterricht in den Klassen III^b A, III^b B, VA, VB, VI Herr Lodny, Lehrer an der 6. Bezirksschule und Organist der böhmischen Gemeinde, zeitweilig ein. Die übrige Vertretung musste, da ein geeigneter Vicar nicht zur Disposition stand, aus der Mitte des Collegiums weiter geführt werden, wie auch vom 8. Februar an bis zum Schluss des Semesters die Vertretung für den an Lungenentzündung erkrankten Collegen Dr. Rietzsch.

Durch Generalverordnung des Königl. Ministeriums vom 7. September 1876 wurde zur Nachachtung eröffnet, dass das Format des Actenpapieres auf 33 Centimeter Höhe und 21 Centimeter Breite, als die vereinbarte allgemeine Norm, festgestellt sei.

Die öffentliche Feier der Entlassung derjenigen Schüler, welche voriges Ostern nach bestandener Reifeprüfung zur Universität abgingen, fand am 22. März 1876 nach der im vorjährigen Programm (S. 44) verzeichneten Ordnung statt, und waren bei derselben die Herren Bürgermeister Stübel, Stadtrath Heubner und Stadtrath Kretzschmar zugegen.

Bei den öffentlichen Prüfungen am 5. und 6. April, welche für Untertertia und die unteren Klassen in der Aula, für Obertertia, Secunda und Prima im Gesangsaal stattfanden, waren behördlicher Seits die Herren Oberconsistorialrath Dr. Zapff, die Consistorialräthe Dr. Rüling und Dr. Löber, Schulrath Dr. Hahn, Stadtrath Böttger, die Mitglieder des Stadtverordnetencollegiums Vicevorsteher Adv. Lehmann, Regierungsrath Dr. v. Bernewitz, Advocat Damm, Advocat Döring, Advocat Dr. Wolf, ausserdem zahlreiche Angehörige von Schülern, sowie Gönner und Freunde des Gymnasiums zugegen. Die Prüfung der Obertertia A hielt Herr Dr. Wimmer an Stelle des durch Krankheit verhinderten Collegen Dr. Weidenbach ab.

Da der Geburtstag Sr. Majestät des Königs Albert dieses Jahr in die Osterferien fiel, so war eine Nachfeier zu veranstalten, die in Uebereinstimmung mit den übrigen Gymnasien und Realschulen in Dresden am 27. April stattfand. Eröffnet wurde dieselbe mit einem vom Herrn Musikdirector Wermann componirten Salvum fac regem, welchem ein Gebet des Herrn Religionslehrers Eckhart folgte. Aus der Mitte des Lehrercollegiums hielt Herr Dr. Rietzsch die Festrede über die Entwickelung des Begriffes der Statistik in den letzten hundert Jahren. Von den Schülern sprachen dann drei Oberprimaner, nämlich Manitz in lateinischer Rede über die Herrschertugenden, anknüpfend an die letzte Rede des Perikles, Hecker über Herzog Alfons von Ferrara nach Goethe's Tasso in deutscher Rede, v. Langsdorff feierte in einem deutschen Gedichte den Heldentod des Churfürsten Moritz. Die Motette von Mendelssohn: „Jauchzet dem Herrn alle Welt" schloss die Feier, welcher Seiten des Patrones unserer Schule Herr Stadtrath Heubner beiwohnte.

Die nach dem Reichsimpfgesetz erforderliche zweite Impfung einer Anzahl von Schülern wurde durch den städtischen Impfarzt, Herrn Dr. Chalybäus, am 15. Juni vollzogen, und schloss sich hieran eine Revision am 22. Juni.

Bei der Schulcommunion, welche am 5. Juli in der Kreuzkirche stattfand, hielt Herr Diaconus Dr. Neubert die Beichtrede.

Bei der Feier des 2. Septembers als nationalen Gedenktages waren die Herren Bürgermeister Hertel und Dr. Stübel, die Herren Stadträthe Heubner, Bönisch, Kunze und Gottschalk, ferner als Vertreter des Stadtverordnetencollegiums die Herren Hofrath Ackermann, Bauunternehmer Schöne und Riemermeister Gottschall, sowie auch Herr Oberconsistorialrath Dr. Zapff und andere Gönner und Freunde der Schule zugegen. Nachdem der Singechor die Motette von Holstein: „Wer unter dem Schutz des Höchsten sitzt" vorgetragen hatte, sprach Herr Dr. Weidenbach als Festredner über die Bethätigung des Patriotismus durch die friedliche Arbeit des Geistes. Ausgehend von der Schilderung der Eindrücke, welche die Kunde des Sieges von Sedan auf die damals am Kampfe Betheiligten machte, wies er nach, dass der wahren Vaterlandsliebe nicht blos die Tapferkeit im Kriege, sondern auch die Pflege friedlicher Thätigkeit, die Förderung geistiger und sittlicher Ausbildung als hohe Aufgabe vorgezeichnet sei. Hierauf sprach der Oberprimaner Koch über den Antheil des Elsass am deutschen Culturleben im Mittelalter. Der Vortrag eines zur Feier des Tages gefertigten deutschen Gedichtes durch den Oberprimaner v. Langsdorff, sodann Declamationen des Secundaners Kyaw, des Tertianers Schmidt und des Quartaners Jeremias, endlich der Gesang des Liedes: „Ein' feste Burg ist unser Gott" bildeten den letzten Theil des Festactus.

Gegen Ende des Sommersemesters wurden die schriftlichen Prüfungsarbeiten vom 4. bis 9. September gefertigt.

Bei der Beerdigung des am 9. November 1876 in Leipzig verstorbenen Geheimen Rathes Prof. Dr. Ritschl war Herr Conrector Prof. Dr. Wohlrab in Vertretung des Lehrercollegiums anwesend.

Zu Anfang d. J. wurde eine wissenschaftliche Abhandlung des Collegen Dr. Sperling: „Quid de excommunicatione libri cum sacri tum symbolici doceant addita epicrisi de eius usu, qui in disciplina ecclesiastica esse et possit et debeat" mit dem ersten Preise der Ammon'schen Stiftung gekrönt.

Die schriftlichen Prüfungen für das Wintersemester fanden vom 19. bis 24. Februar statt, woran sich die öffentlichen Prüfungen am 21. und 22. März, und zwar für Prima, Secunda und Obertertia im Gesangsaale, für die übrigen Klassen in der Aula schliessen werden. In einem Klassenzimmer nächst der Aula werden auch die unter Leitung des Zeichenlehrers Herrn Fritzsche angefertigten Zeichnungen der Schüler ausliegen.

Bei den allgemeinen Schulandachten behandelte zu Anfang des Schuljahres Herr Dr. Grundt nach Psalm 37, 4. 5 die Frage: „Wann ist unsere Berufsarbeit ein Werk in Gott gethan?“ Nach den Sommerferien sprach Herr Candidat Eckhart über den Text Matth. 13, 12: „Wer da hat, dem wird gegeben; wer aber nicht hat, von dem wird auch genommen, das er hat“; zu Anfang des Wintersemesters Herr Dr. Sperling über Brief Jacob. 1, 22—25: „Seid Thäter des Wortes und nicht Hörer allein, damit ihr euch nicht selbst betrüget.“ Nach den Weihnachtsferien wählte Herr Dr. Grundt im Anschluss an Psalm 31, 15—17 das Thema: „Wie lernen wir im Hinblick auf den Herrn den rechten Gebrauch des irdischen Lebens?“

II. Lehrverfassung.

Durch Generalverordnung vom 17. Mai 1876 gab das Königl. Ministerium des Cultus und öffentlichen Unterrichts die Gesichtspunkte kund, nach denen das Maass der häuslichen Arbeiten seiten der höheren Lehranstalten zu regeln sei, um etwaige Ueberbürdung der Schüler zu vermeiden, ohne dass jedoch andererseits übersehen werde, dass Aufgaben zu häuslichen Arbeiten unentbehrlich sind, wenn der Erfolg des Unterrichts in den Schulstunden gesichert, das Gelehrte befestigt und sowohl die aufnehmende als die selbstschaffende Kraft der Schüler in allmählicher, wohlberechneter Stufenfolge entwickelt werden soll, endlich dass solche häusliche Arbeiten, namentlich bei nicht geschlossenen Schulanstalten, das einzig wirksame Mittel gegen Zeitverschleuderung und sittliche Abwege der Schüler sind.

Behufs einer zweckmässigeren Organisation des Gesangsunterrichtes der Schüler des Gymnasiums, soweit sie nicht dem Chor der Alumnen und Currendaner angehören, wurde, im Einvernehmen mit Herrn Oberlehrer Klinger, seiten des Rectors eine Vermehrung der Zahl der wöchentlichen Stunden von 6 auf 8, und die Einrichtung gesonderter Abtheilungen für Sopran und Alt, sowie für Tenor und Bass, endlich auch einer allgemeinen Chorgesangstunde beantragt. Diese Abänderungen werden, wenn, wie zu hoffen, der erforderliche Mehraufwand Genehmigung findet, mit dem bevorstehenden Schuljahre ins Leben treten.

Durch Generalverordnung des Königl. Ministeriums vom 26. Februar 1876 wurden die höheren Lehranstalten auf das bei G. D. Bädeker in Essen in dritter Auflage erscheinende Werk: „Die gesammten Naturwissenschaften“, als geeignet zur Anschaffung für die Schulbibliotheken, aufmerksam gemacht.

Ferner wurde seiten des Königl. Ministeriums durch Verordnung vom 26. Juni 1876 sowohl von den im Verlage von G. Elssner in Löbau erschienenen 45 Tafeln Thiertypen, als auch von den bei E. W. Schaufuss, sonst E. Klocke in Dresden erschienenen „Anatomischen Präparaten, Papiermâché“, aus der Kunstanstalt von Rammé und Sodtmann, Kenntniss gegeben.

Endlich wurden durch Generalverordnung vom 9. September 1876 zur Anschaffung für die höheren Unterrichtsanstalten folgende Lehrmittel empfohlen: „Anatomische Wandtafeln für den anthropologischen Unterricht“ von Dr. Fiedler, 4. Aufl., Dresden, Meinhold & Söhne; „Leitfaden zur Erläuterung der Wandtafeln“ von Dr. Fiedler und Dr. Blochwitz; „Ergänzungsblätter zu den Fiedler'schen Tafeln“ von Dr. Wenzel; „Anatomische Präparate“, herausgegeben von Dr. Bock, Leipzig, Gebrüder Steeger. —

Uebersicht über den im Schuljahre 1876—1877 ertheilten Unterricht.

I^a A. Oberprima, erste Abtheilung.

Klassenlehrer: Rector Prof. Dr. Hultsch.

Religionslehre. 2 St.: Die Stiftung und Entwickelung der christlichen Kirche im apostolischen Zeitalter und im Mittelalter. Geschichte der deutschen Reformation. Grundt.

Deutsch. 4 St.: Goethes Tasso und Gedichte von Goethe und Schiller. Freie Redeübungen. Correctur der schriftlichen Aufsätze. Deutsche Literaturgeschichte. Schöne.

Lateinisch. 8 St.: Cicero, de oratore I. 2 St. Hultsch (von Ostern bis zu den Sommerferien Meltzer). Tacitus ab exc. divi Augusti III. IV, 1—30. 2 St. Neissner. Horatius Satiren II, 1. 2. 6. 8. I, 3. 4. 5. 9. Epist. I, 1. 9—15. 2 St. Hultsch (von Ostern bis Sommerfer. Schöne). Freie Arbeiten, Scripta und Extemporalien. 2 St. Hultsch (von Ostern bis Sommerfer. Schöne). Privatim lasen die Schüler Cicero (Tuscul. disput., de officiis, de nat. deorum, de divinatione, Abschnitt aus de orat. II und III. orator, Episteln, verschiedene Reden), Sallustius, Tacitus (Annalen, Germania). Horatius (Epoden und Satiren).

Griechisch. 7 St.: Plato, Phaedon cap. 1—40. 63—67. Demosth. 3. Rede gegen Philipp. 4 St. Scripta und Extemporalien. 1 St. Wohlrab. Sophokles, Antigone und Elektra. 2 St. Hultsch (von Ostern bis Sommerfer. Neissner). Privatim lasen die Schüler Homer, Sophokles, Euripides, Herodotos, Thukydides, Xenophon, Plutarch, Lysias, Isocrates, Demosthenes, Plato, Lucian.

Hebräisch. 2 St.: Ausgewählte Stücke aus dem Buche der Richter. Einleitung zu den Psalmen; gelesen Ps. 1. 2. 8. 16. 19. 24. 29. 32. 42. 43. 61. 71. 72. 90. 103. 114. 126. 127. 148. 140. 150. Grundt.

Französisch. 2 St.: Racine, Britannicus. Molière, les Femmes savantes. Freie Aufsätze. Extemporalien (Grundriss der französischen Literatur) vorgetragen in französischer Sprache. Sonnenschein.

Englisch. 2 St.: I. Cursus, siehe I b A.

Mathematik. 4 St.: Stereometrie. Trigonometrische und geometrische Aufgaben. Binomischer Lehrsatz. Combinationslehre. Wahrscheinlichkeitsrechnung. Diophantische Aufgaben. Nichtlineare Systeme. Abendroth.

Physik. 2 St.: Im S. Optik, im W. Magnetismus und Electricität. Abendroth.

Geschichte. 3 St. Vom Hubertusburger Frieden bis 1840. Wiederholungen aus den früher behandelten Theilen der Geschichte, besonders der altorientalisch-griechischen. Meltzer.

Gesang. 1 St. Klinger. — **Turnen.** 2 St.: Frei- und Gemeinübungen, vornehmlich mit Belastung von Eisenstäben und Hanteln; Geräthturnen, Voltigiren am Pferd, Barren und Sprungkasten; Uebungen am Reck und Reckspringen; im Sommer: Weit-, Hoch- und Stabspringen, Gerwerfen; von Turnspielen namentlich Grenzball und Barlaufen. Director Prof. Dr. Kloss die Lehrer Knöfel und Schaller.

I B. Ober- und Unterprima, zweite Abtheilung.

Klassenlehrer: Conrector Prof. Dr. Wohlrab.

Religionslehre. 2 St.: Die Grund- und Heilswahrheiten des Christenthums vom apologetischen Standpunkte aus. Sperling.

Deutsch. 3 St.: Goethe, Iphigenia, Gedichte von Schiller. Correctur der Aufsätze. Freie Redeübungen mit besonderer Berücksichtigung der Schüler der Abtheilung I a B. 2 St. Deutsche Literaturgeschichte. 1 St. Snell.

Lateinisch. 9 St.: Cicero, Tuscul. disput. I. Quintil. X. Tacitus, ab exc. divi Augusti XIV. 4 St. Freie Arbeiten, Scripta, Extemporalien. 3 St. Wohlrab. Horatius, ausgewählte Oden. 2 St. Wimmer. Privatim lasen die Schüler Cicero, Caesar, Sallustius, Livius, Tacitus, Terentius, Horatius.

Griechisch. 6 St. Plato, Protagoras. Demosthenes, 1. und 3. Philippische Rede. 3 St. Repetition einiger Capitel aus der Syntax. Scripta und Extemporalien. 1 St. Wimmer. Griechische Anthologie von Buchholz, 1. Bd. Sophokles, Elektra. 2 St. Wohlrab. Privatim lasen die Schüler Homer, Sophokles, Plato, Herodotos, Thukydides, Xenophon, Lysias, Demosthenes, Euripides, Plutarch.

Hebräisch. 2 St.: I^a B comb. mit I^a A; I^b B mit I^b A.

Französisch. 2 St.: Boileau, Art poétique. Molière, les Femmes savantes. Thèmes, Extemporalien. Freie Arbeiten. Im Sommersemester Körting, von Mich. bis Neujahr Hausmann, seit Neujahr Boxberger.

Englisch. 2 St.: I. Cursus, siehe II^a B.

Mathematik. 4 St.: Wurzeln, Logarithmen, geometrische Progressionen, Zinseszins- und Rentenrechnung, lineare Systeme, reciproke Gleichungen, nicht lineare Systeme, cubische Gleichungen. Trigonometrie. Goniometrie. Amthor.

Physik. 2 St.: Optik. Amthor.

Geschichte. 3 St.: Neuere Geschichte von 1789—1815. Repetition der griechischen Geschichte bis 500 v. Chr. Hausmann.

Gesang. 1 St. Klinger. — **Turnen.** 2 St. Cursus wie bei I^a A. Lehrer Bornowsky.

I^b A. Unterprima, erste Abtheilung.

Klassenlehrer: Dr. Wimmer.

Religionslehre comb. mit I^a A.

Deutsch. 2 St. Schiller, Maria Stuart. Literaturgeschichte. Correctur der schriftlichen Aufsätze. Snell.

Lateinisch. 9 St.: Cicero, de offic. II. Tacitus, Germania und Agricola. 4 St. Freie Arbeiten, Scripta, Extemporalien. 3 St. Wimmer. Horatius, ausgewählte Oden. 2 St. Schöne. Privatim lasen die Schüler Cicero, Sallustius, Livius.

Griechisch. 6 St.: Demosthenes, 3 olynthische

Reden und erste Rede gegen Philipp. Plato, Apologie. 3 St. Repetition einzelner Capitel der Syntax. Scripta und Extemporalien. 1 St. Uhle. Kallinos, Tyrtäos, Solon, Theognis, Archilochos, Alkman, Arion, Sappho, Alkaios, Stesichoros, Ibykos, Anakreon, Simonides von Keos, Pindar nach der Anthologie von Buchholz. Euripides, Medea. 2 St. Wimmer. Privatim lasen die Schüler Herodot, Xenophon, Lysias, Plato, Plutarch, Homer.

Hebräisch. 2 St. Verba gutturalia, semivocalia, anomala. Nominallehre. Syntax. Uebungen nach Grundt's Elementargrammatik. Kurze Einleitung zum alten Testament. Gelesen Genes. 1 fg. Grundt.

Französisch. 2 St.: Guizot, Histoire de Charles I, Cap. 6—8. Grammatische Repetitionen nach Borel. Thèmes. Extemporalien. Sonnenschein.

Englisch. 2 St. I. Cursus, parallele Abth. A: Grammatik nach Plates Lehrgang II. Uebersetzungen aus demselben und freie englische Ausarbeitungen. Lectüre: Shakspeares Richard III. und Stories and Sketches II by A. Kokemüller. (Erklärung in englischer Sprache.) Kokemüller.

Mathematik. 4 St.: Trigonometrie. Goniometrie. Logarithmen, Progressionen, Zinseszins- und Rentenrechnung. Systeme linearer und leichtere Systeme höherer Gleichungen. Exponentialgleichungen. Abendroth.

Physik. 2 St.: Mechanik fester, flüssiger und gasförmiger Körper. Die Hauptsätze der Akustik. Abendroth.

Geschichte. 3 St.: Geschichte der neueren Zeit bis zum Beginn der französischen Revolution. Meltzer.

Stenographie. 2 St. Siehe IIa A und B. — **Gesang.** 1 St. Klinger. — **Turnen.** 2 St. Cursus wie bei Ia A. Lehrer Schaller.

IIa A. Obersecunda, erste Abtheilung.

Klassenlehrer: Prof. Schöne.

Religionslehre. 2 St.: Lectüre und Erklärung ausgewählter Stücke aus dem alten und neuen Testament; die Bergpredigt und die Abschiedsreden Jesu gelesen u. erklärt nach dem griechischen Urtext. Grundt.

Deutsch. 2 St.: Gelesen Schillers Wallenstein und ausgewählte Gedichte Walthers von der Vogelweide. Correctur der schriftlichen Aufsätze. Freie Vorträge. Neissner.

Lateinisch. 9 St.: Livius I, 1—42, Sallustius, bell. Jugurth. 1—60. 4 St. Vergilius, Aen. II. III. 2 St. Anleitung zum Lateinschreiben. Freie Arbeiten, Scripta. 2 St. Schöne. Lateinische Uebungen, Extemporalien. 1 St. Wimmer. Privatim wurde gelesen Cicero, Laelius, erste Catilinarische Rede und pro Archia poeta.

Griechisch. 6 St.: Lysias, 13. 16. 24. 31. Rede. Herodot VIII, 1—110. 3 St. Syntax nach Curtius Cap. 23—27. Scripta und Extemporalien. 1 St. Meltzer. Homer, Ilias XIII—XVII. 2 St. Wohlrab. Privatim wurde gelesen Lykurg's Rede gegen Leokrates.

Hebräisch. 2 St.: Uebersicht über die semitischen Sprachen; kurze Geschichte des Hebräischen. Lautlehre, Präfixa, Pronomina, Numeralia, das starke Verbum, Verbalsuffixa. Uebersetzungen nach Grundt's Elementargrammatik. Mündliche und schriftliche Uebungen. Grundt.

Französisch. 2 St.: Souvestre, Au coin du feu, p. 1—22. 49—64. 128—141. Grammatische Repetitionen. Thèmes. Extemporalien. Sonnenschein.

Englisch. 2 St. I. Cursus, siehe Ib A; II. Cursus, siehe IIb A.

Mathematik. 4 St.: Gleichungen ersten und zweiten Grades mit einer Unbekannten, lineare Systeme, Potenzen; Wurzeln. 2 St. Heger. Planimetrie repetirt und vollendet. 2 St. Rietzsch.

Naturwissenschaft. 2 St.: Allgemeine Einleitung in die Physik und Chemie. Specielle (anorganische) Chemie. Spectralanalyse. Abendroth.

Geschichte. 3 St.: Vom Ende der Kreuzzüge bis zum Augsburger Religionsfrieden. Wiederholung der römischen Geschichte, mit besonderer Berücksichtigung der Verfassung. Meltzer.

Stenographie. 2 St.: Cursus A: Wortschreiblehre und Wortkürzung nach Krieg's Schreibheft I und Lehrbuch. Uhle. — **Gesang.** 1 St. Klinger. — **Turnen.** 2 St. Frei- und Hantelübungen, Barrenvoltige und Uebungen am Sprungkasten; im allgemeinen derselbe Umkreis der Turnübungen wie bei Ia A. Director Prof. Dr. Kloss und Lehrer Busch.

IIa B. Obersecunda, zweite Abtheilung.

Klassenlehrer: Dr. Uhle.

Religionslehre combinirt mit Abth. A.

Deutsch. 2 St.: Gelesen Schillers Wallenstein und ausgewählte Gedichte Walthers von der Vogelweide. Dispositionslehre. Correctur der schriftlichen Aufsätze. Richter.

Lateinisch. 9 St.: Livius I. prooem. und I—31. Sallustius, bellum Jugurth. 4 St. Grammatik nach Ellendt-Seyfert § 202—233. 343—350. Repetitionen und Ergänzungen zur Syntax. Freie Arbeiten. Scripta und Extemporalien. 3 St. Uhle. Vergilius, Aen. VI und I. 2 St. Körting, seit Mich. Boxberger. Privatim wurde gelesen Livius I, 32—49, Cicero, Laelius und gegen Catilina 1 und 2.

Griechisch. 6 St.: Lysias, 13. und 16. Rede. Herodot VIII, 1—130. 3 St. Syntax: Infinitiv, Participium, Relativ- und Fragesätze, Negationen, Conjunctionen (parallel der lateinischen Grammatik), nach Curtius Cap. 24—27. Scripta und Extemporalien. 1 St. Uhle. Homer, Ilias XIX—XXIV. 2 St. Wohlrab. Privatim wurde gelesen Xenoph. Anab. II.

Hebräisch comb. mit Abth. A.

Französisch. 2 St.: Repetition der Syntax mit zusätzlichen Bemerkungen und steter Vergleichung des Lat. und Griech. In je 14 Tagen ein Extemporale und ein Thème. Sprechübungen. Lectüre: Souvestre, Au coin du feu, 4 Erzählungen. Phraseologie. Körting, seit Mich. Boxberger.

Englisch. 2 St. I. Cursus, parallele Abth. B: Grammatik nach Plates Lehrgang II. Extemporalien. Lectüre: Shakspere, Richard III., Macaulay, Essays. Sonnenschein.

Mathematik. 4 St.: Repetition der Lehre von den Quadratwurzeln. Gleichungen ersten Grades mit einer Unbekannten. Quadratische Gleichungen. Lehre von den Potenzen und Wurzeln. Repetition der Aehnlichkeitssätze. Planimetrische Aufgaben. (Apollonisches Problem). Cyclometrie. Abendroth.

Naturwissenschaft. 2 St.: Allgemeine Einleitung in die Physik und Chemie. Specielle (anorganische) Chemie. Spectralanalyse. Amthor.

Geschichte. 3 St.: Vom Ende der Kreuzzüge bis zum dreissigjährigen Krieg. Hausmann; seit Neujahr 2 St. Urbach, 1 St. combinirt mit Abth. A: Repetitionen aus der römischen Geschichte. Meltzer.

Stenographie. 2 St. II. (Fortbildungs-) Cursus: Syntactische Kürzungen nach Krieg's Lehrbuch IV. Schnellschriftliche Uebungen. Geschichte der Sten. mit besonderer Berücksichtigung der Tironischen Noten (vorchristl. St.) und der hervorragenden englischen, französischen und deutschen Systeme nach Krieg's „Katechismus der Sten." S. 8—140. Krieg. — **Zeichnen.** 2 St. Fritzsche. — **Gesang.** 1 St. Klinger. — **Turnen.** 2 St. Cursus wie bei II^a A. Assistent Gärtner.

II^b A. Untersecunda, erste Abtheilung.

Klassenlehrer: Dr. Neissner.

Religionslehre. 2 St.: Erklärung des Galaterbriefes. Abriss der Kirchengeschichte bis zu Luthers Tode. Sperling.

Deutsch. 2 St.: Gelesen Schillers Wilhelm Tell und Nibelungenlied im Urtext, Avent. 1—3. Mittelhochdeutsche Grammatik. Correctur der Aufsätze. Urbach.

Lateinisch. 10 St.: Cicero, pro Ligario, pro rege Deiotaro, Laelius. 4 St. Syntax nach Ellendt-Seyffert § 129—201. 304—350. Scripta und Extemporalien. 4 St. Neissner. Ovidius, Metam. nach der Auswahl von Siebelis-Polle, Stück 24, 25. 26. 38. 42. 44. 46. 2 St. Weidenbach.

Griechisch. 6 St.: Xenophon, Anab. I. II. IV, 2. 3. 2 St. Syntax nach Curtius Cap. 14—17. 22. 23. Scripta und Extemporalien. 2 St. Meltzer. Homer, Odyss. X. XI. 2 St. Schöne. Privatim wurde gelesen Homer, Odyss. I. X. XII.

Französisch. 2 St.: Körting, Französ. Gramm. § 94—122. Thèmes, Extemporalien, mündliche Uebersetzungen, Körtings Uebungsbuch II, L. 30—41c. 70. Lectüre: Michaud, Histoire de la IIIe Croisade, Chap. 1—4. Sonnenschein.

Englisch. 2 St. II. Cursus: Kade, Anleitung u. s. w. § 145—220. Gelesen Dickens, the Chimes. Monatlich 2 Exercitien und Extemporalien. Sonnenschein.

Mathematik. 4 St.: Lineare Gleichungen mit einer Unbekannten. Lineare Systeme (begonnen). Durchschnitt des Winkels mit Parallelen. Aehnlichkeit der Dreiecke und Vielecke. Heger.

Naturwissenschaft. 2 St.: Chemische und crystallographische Einleitung zur Mineralogie. Mineralogie. Abriss der Geologie. Heger.

Geschichte. 3 St.: Geschichte der römischen Kaiserzeit und des Mittelalters bis zum Ende der Kreuzzüge. Meltzer.

Stenographie. 2 St.: Siehe II^a A und II^a B. — **Gesang.** 1 St. Klinger. — **Turnen.** 2 St.: Frei- und Ordnungsübungen: Reihenaufstellung, Oeffnen und Schliessen der Reihen, Vor- und Hinterziehen der Einzelnen und der Reihen, Fechterstellungen und Fechterausfälle nach Jägers Turnschule, letztere auch mit Belastung von Eisenstäben und Hanteln. Geräthübungen: Reck- und Barrenübungen, sowie Voltigiren; im Sommer namentlich Gerwerfen, Weit-, Hoch- und Stabspringen und von Turnspielen das Barlaufen, Grenzball und dergl. Director Prof. Dr. Kloss und Lehrer Bornowsky.

II^b B. Untersecunda, zweite Abtheilung.

Klassenlehrer: Dr. Snell.

Religionslehre im S. combinirt mit Abth. A, im W. das Wichtigste aus der alten und mittleren Kirchengeschichte. Eckhart.

Deutsch. 2 St.: Gelesen Schillers Wilhelm Tell und Nibelungenlied im Urtext, Avent. 23. 24. Mittelhochdeutsche Grammatik. Correctur der Aufsätze. Hausmann, seit Neujahr Urbach.

Lateinisch. 10 St.: Cicero, pro Ligario, pro rege Deiotaro, Laelius. 4 St. Grammatik nach Ellendt-Seyffert § 129—142. 304—342. Scripta und Extemporalien. Metrische Uebungen. 4 St. Snell. Ovidius, Metam. nach der Auswahl von Siebelis-Polle, Stück 12. 13. 15. 16. 26—35, Tristien IV, 10 (memorirt). 2 St. Oehmichen.

Griechisch. 6 St.: Xenophon, Anab. III, 3 ff. IV. V. 1. 2. 2 St. Repetition der Formenlehre. Syntax nach Curtius Cap. 15—17. 22. 23. Scripta und Formenextemporalien. 2 St. Neissner. Homer, Odyss. XII. V, 262 bis z. Schluss (das Gelesene memorirt). XIV. 2 St. Snell.

Französisch, 2 St. Syntax nach Körting. Franz. Gramm. § 125—142, verbunden mit schriftlichen und mündlichen Uebungen. Lectüre: Michaud, Histoire de la IIIe Croisade, p. 11—60. Phraseologie. Körting, seit Mich. Boxberger.

Englisch. 2 St. II. Cursus, combinirt mit Abth. A.

Mathematik. 4 St.: Arithmetik: Repetition der Lehre von den Quadratwurzeln. Gleichungen ersten Grades mit einer Unbekannten. 2 St. Amthor. Geometrie: Repetition. Aufgaben. Durchschnitt der Schenkel eines Winkels mit Parallelen. Aehnlichkeit der Dreiecke. 2 St. Abendroth.

Naturwissenschaft. 2 St.: Im S. Krystallographie, im W. Einleitung in die Chemie und Mineralogie. Amthor.

Geschichte. 3 St. Von Kaiser Augustus bis zu Rudolf von Habsburg. Hausmann, seit Neujahr Meltzer.

Stenographie. 2 St. Siehe II^a B und III^a B. — **Zeichnen.** 2 St. Fritzsche. — **Gesang.** 1 St. Klinger. — **Turnen.** 2 St. Cursus wie bei II^b A. Assistent Gärtner.

III^{a} A. Obertertia, erste Abtheilung.

Klassenlehrer: Dr. Weidenbach.

Religionslehre. 2 St.: Kurze Einleitung zur heiligen Schrift des N. T. Die Apostelgeschichte. Das Leben Luthers. Repetition des Katechismus. Grundt.

Deutsch. 2 St.: Lectüre und Erklärung Schillerscher Gedichte. Declamationsübungen. Syntaktische und stilistische Uebungen. Correctur der Aufsätze. Grundt.

Lateinisch. 10 St.: Caesar, bell. Gall. IV. V, 1—25. Cicero de imp. Cn. Pompei (§ 1—40 memorirt). 4 St. Syntax nach Ellendt-Seyffert § 129—210. 240—280. 331—342. Scripta und Extemporalien. 3 St. Weidenbach. Ovidius, Metam. nach der Auswahl von Siebelis-Polle, Stück 4. 13. 22. 26. 29. 31. 35. 38. 47. 2 St. Prosodische Uebungen. 1 St. Wimmer.

Griechisch. 6 St.: Xenophon, Anab. IV. V, 1—3. Grammatik nach Curtius 362—468. Repetition der Formenlehre. Das Hauptsächlichste aus der Syntax nach Dictat. Scripta und Formenextemporalien. 4 St. Weidenbach. Homer, Odyss. IX. XVI. 2 St. Schöne.

Französisch. 2 St.: Körting, Französ. Grammatik § 72—92. Thèmes, Extemporalien und mündliche Uebersetzungen nach Körtings Uebungsbuch II L. 23—33. Lectüre: A. Thierry, Tableaux historiques du moyen âge, chap. IV, III—VII. 12. Sonnenschein.

Englisch. 2 St.: III. Cursus: Kade, Anleitung u. s. w. § 1—150. Thèmes und Extemporalien. Gelesen Kokemüller I, 8. 34—37. 46—51. Sonnenschein.

Mathematik. 4 St.: Allgemeine Arithmetik. Summe, Differenz und Product von Polynomien, Partialdivision, Quadratwurzeln. Lineare Gleichungen (begonnen). Linien und Winkel am Kreis. Flächensätze. Heger.

Naturwissenschaft. 2 St.: Verticale und horizontale Gliederung der Erdoberfläche. Der Fixsternhimmel. Das Sonnensystem. 2 St. Rietzsch.

Geographie. 2 St.: Physische und politische Geographie von Europa. Urbach.

Geschichte. 2 St.: Römische Geschichte bis auf Augustus. Urbach.

Stenographie. 2 St. Siehe II^{a} A und B. — **Zeichnen.** 2 St. Fritzsche. — **Gesang.** 1 St. Klinger. — **Turnen.** 2 St. Mit Zugrundelegung der Anleitung zur Ertheilung des Turnunterrichtes von M. Kloss (Dresden, Schönfeld) wurden sowohl die turnerischen Frei- und Ordnungsübungen, als auch die Uebungen an den Geräthen, namentlich am Barren, Reck und Stangengerüst behandelt, wie sie dort unter der III. Stufe verzeichnet sind. Ausserdem die Uebungen am kleinen Springbock und Anfänge im Voltigiren am Pferd und am Sprungkasten. Im Sommersemester kamen beim Turnen im Freien namentlich auch Rundlauf, Stabspringen und Turnspiele zur Anwendung. Director Prof. Dr. Kloss und Assistent Gärtner.

III^{a} B. Obertertia, zweite Abtheilung.

Klassenlehrer: Dr. Oehmichen.

Religionslehre. 2 St.: Erklärung des zweiten Hauptstücks. Sperling.

Deutsch. 2 St.: Lectüre und Erklärung Schillerscher Gedichte. Memoriren von Gedichten. Disponirübungen. Referate. Einiges über Perioden, Tropen und Figuren. Correctur der Aufsätze. Oehmichen.

Lateinisch. 10 St.: Caesar, bell. Gall. IV. V, 1—23. 53—58. Cicero de imp. 4 St. Syntax nach Ellendt-Seyffert § 217—303. Repetition der Casus- und Formenlehre. Scripta und Extemporalien. Mündliche Uebungen nach Haacke, Th. II. 3 St. Die Regeln der lateinischen Prosodie und Metrik. Uebungen in der Versification. 1 St. Oehmichen. Ovidius, Metam. nach der Auswahl von Siebelis-Polle, Stück 5. 7. 9. 13. 16. 18. Boxberger, seit Mich. Franz.

Griechisch. 6 St.: Xenophon, Anab. IV. V, 1. 2. Repetition der gesammten Formenlehre. Syntax nach Curtius Cap. 14. 15. 18—21. Scripta und Extemporalien. 4 St. Richter. Homer, Odyss. I, 1—10. X, 1—329. 375—575. XII, 89—223. 2 St. Manitius.

Französisch. 4 St.: Körting, Franz. Gramm. § 72—94. 115—119. Thèmes und Extemporalien. Lectüre: Tableaux Histor. p. 11—30. Boxberger.

Englisch. 2 St.: III. Cursus, comb. mit Abth. A.

Mathematik. 4 St.: Arithmetik: Allgemeine Arithmetik. Addition, Subtraction, Multiplication und Division. Quadratwurzeln aus Zahlen und Buchstaben. 2 St. Amthor. Geometrie: Die besonderen Vierecke. Linien, Winkel, ein- und umgeschriebene Figuren am Kreis. 2 St. Rietzsch.

Naturwissenschaft. 2 St.: Mathematische Geographie. Amthor.

Geographie. 2 St.: Deutschland, Deutsch-Oesterreich, Schweiz. Repetition der übrigen Länder Europas. Richter.

Geschichte. 2 St.: Römische Geschichte bis Augustus. Hausmann, seit Neujahr Oehmichen.

Stenographie. 2 St.: I. (Elementar-) Cursus. Wesen der Stenographie. Theorie des Gabelsbergerschen Systems nach Krieg's Lehrbuch I—III. Praktische Uebungen. Uebertragen Schillers Kampf mit dem Drachen. Krieg. Einige Schüler der Klasse betheiligten sich an dem Fortbildungscursus: s. II^{a} B. — **Zeichnen.** 2 St. Fritzsche. — **Gesang.** 1 St. Klinger. — **Turnen.** 2 St. Cursus wie bei III^{a} A. Director Prof. Dr. Kloss und Lehrer Schnbarth.

III^{b} A. Untertertia, erste Abtheilung.

Klassenlehrer: Dr. Manitius.

Religionslehre. 2 St.: Bibelkunde: Einleitung in die Schriften des alten und neuen Bundes. Gelesen und erklärt ausgewählte Stücke aus den historischen und poetischen Schriften des A. T., sowie das Evangelium nach Matthäus. Eckhart.

Deutsch. 2 St.: Declamationsübungen. Dispositionsentwürfe. Correctur der Aufsätze. Manitius.

Lateinisch. 10 St.: Caesar, bell. Gall. IV—VI. 4 St. Syntax nach Ellendt-Seyffert § 142—201. Scripta und mündliches Uebersetzen aus Schultz. 4 St. Manitius. Prosodie. Lesestücke aus Siebelis, Tirocinium poeticum. Memoriren. 2 St. Neissner.

Griechisch. 6 St.: Formenlehre: Abschluss der Verba auf ω, Verba auf μι und die Anomala nach Uhle's Elementargrammatik. Repetition der gesammten Formenlehre. Scripta und Formenextemporalien. Lectüre aus Halms Lesebuch. Die Elemente der Satzlehre nach Dictat. Weidenbach.

Französisch. 2 St.: Körting, Französ. Grammatik § 36—80. Einübung der regelmässigen und unregelmässig schwachen Verba. Thèmes und mündliches Uebersetzen nach Körtings Uebungsbuch II. L. 2—26. Sonnenschein.

Mathematik. 4 St.: Arithmetik: Abgekürzte Decimalzahlen. Gesellschaftsrechnung. Mischungsrechnung. Allgemeine Arithmetik. Summe und Differenz von Polynomien. Aufgaben nach Heis § 1—6. 13. 2 St. Geometrie: Uebungen im Gebrauch der geometrischen Zeicheninstrumente. Die Gerade und der Winkel, Seiten und Winkel des Dreiecks, Congruenz der Dreiecke, die besonderen Vierecke. 2 St. Heger.

Naturgeschichte. 2 St.: Im Sommer Botanik: Linnés System. Uebungen im Bestimmen frisch eingeholter Pflanzen. Charakteristik der wichtigsten einheimischen Familien. Im Winter Zoologie: Abriss der Anatomie des Menschen. Wirbellose Thiere. Heger.

Geographie. 2 St.: Die aussereuropäischen Erdtheile. Urbach.

Geschichte. 2 St.: Geschichte des Orients und Griechenlands. Urbach.

Stenographie. 2 St. Siehe II^a A. — **Zeichnen.** 2 St. Fritzsche. — **Gesang.** 1 St. Klinger. — **Turnen.** 2 St: Von den Uebungen der II. Stufe der Anleitung zur Ertheilung des Turnunterrichts u. s. w. kamen die Fechterstellungen in Verbindung mit dem Schrittzwirbeln zur Anwendung, von Geräthübungen ebenfalls die zur II. Stufe gehörigen, welche am Stangengerüst, am Reck und am Barren namentlich als Gemeinübungen getrieben wurden; ausserdem Uebungen am kleinen Springbock und am Rundlauf. Director Prof. Dr. Kloss und Assistent Gärtner.

III^b B. Untertertia, zweite Abtheilung.

Klassenlehrer: Dr. Körting, seit Mich. **Dr. Richter.**

Religionslehre. 2 St.: Erklärung des ersten Hauptstückes mit Erläuterung der dahin gehörenden Schriftstellen. Sperling.

Deutsch. 2 St.: Repetition der Satzlehre mit besonderer Beziehung auf die Lehre von der Interpunction. Declamationsübungen. Correctur der schriftlichen Aufsätze. Sperling.

Lateinisch. 10 St.: Caesar, bell. Gall. V. VI, 1—10. 4 St. Repetition der unregelmässigen Verba. Syntax: Accus. c. infin., Gerundium, Supinum, Praepositionen, Casuslehre nach Ellendt-Seyffert § 143—233. 282—342. Scripta und Extemporalien. 4 St. Richter. Prosodische Regeln. Das Distichon. Metrische Uebungen. Lesestücke aus Siebelis, Tirocinium poeticum. Memoriren. 2 St. Uhle.

Griechisch. 6 St.: Repetition des Pensums der Quarta. Fortsetzung und Abschluss der Formenlehre nach Uhle's Elementargrammatik. Mündliches Uebersetzen aus Wohlrab's Uebungsbuch und Halm's Lesebuch nebst Memoriren. Scripta und Extemporalien. Körting, seit Mich. Boxberger.

Französisch. 2 St.: Körting, Französ. Grammatik § 36—67, die erste, zweite und dritte schwache Conjugation. Pronomina. Körting's Uebungsbuch II. L. 5—22a. Thèmes und Extemporalien. Boxberger.

Mathematik. 4 St.: Arithmetik: Repetition der Decimalbrüche. Abgekürzte Multiplication und Division. Zusammengesetzte Regel de tri. Einleitung in die allgemeine Arithmetik. 2 St. Amthor. Geometrie: Geometrische Grundbegriffe. Der Winkel, Parallelen, Seiten und Winkel am Dreieck. Congruenz der Dreiecke. 2 St. Rietzsch.

Naturgeschichte. 2 St.: Im Sommer allgemeine Botanik: Besprechung einheimischer Pflanzen. Einübung des Linnéschen Systems und der auffälligsten natürlichen Familien. Im Winter allgemeine Zoologie, speciell Reptilien, Amphibien, Fische, Insecten. Rietzsch.

Geographie. 2 St.: Die ausserdeutschen Länder Europas. Richter.

Geschichte. 2 St.: Geschichte des Orients und Griechenlands bis zum Tode Alexanders. Hausmann, seit Neujahr Sperling.

Stenographie. 2 St. Siehe III^a B. — **Zeichnen.** 2 St. Fritzsche. — **Gesang.** 1 St. Klinger. — **Turnen.** 2 St. Cursus wie bei III^b A. Director Prof. Dr. Kloss und Lehrer Bornowsky.

IV A. Quarta, erste Abtheilung.

Klassenlehrer: Dr. Hausmann, seit Neujahr **Dr. Grundt.**

Religionslehre. 2 St.: Erklärung und Memoriren des 3. 4. und 5. Hauptstückes mit dahin gehörigen Sprüchen. Besprechung und Memoriren von Kirchenliedern. Eckhart (von Mich. bis Weihn. Grundt).

Deutsch. 3 St.: Lehre vom einfachen und zusammengesetzten Satz. Lectüre von Lesestücken aus Masius, 2. Theil, und von Gedichten aus Echtermeyer's Sammlung. Correctur der Aufsätze. 2 St. Hausmann, seit Mich. Franz. Declamationsübungen. 1 St. Manitius.

Lateinisch. 10 St. Repetition der regelmässigen Formenlehre. Syntax nach 283—303. 234—282. 304—309. Scripta. 5 St. Hausmann, seit Neujahr Grundt. Das Wichtigste aus der Lehre vom zusammengesetzten Satz nach Ellendt-Seyffert. Uebersetzungen aus Ostermanns Uebungsbuch. Repetition der unregelmässigen Verba. 2 St. Grundt, seit Mich. Eckhart. Cornelius Nepos, Hannibal, Epaminondas und Alcibiades. 3 St. Weidenbach.

Griechisch. 6 St.: Regelmässige Formenlehre bis zum starken Aoriststamme nach Uhle's Elementargrammatik. Scripta und Extemporalien. Uebersetzungsübungen nach Wohlrab's Uebungsbuch. 4 St. Manitius. Lectüre aus Büchsenschütz's Lesebuch. 2 St. Neissner.

Französisch. 2 St.: Körting, Französ. Grammatik § 17—35. Uebungsbuch dazu § 17—25. Mündliche Uebersetzungen. Thèmes. Sonnenschein.

Arithmetik. 3 St.: Einfache und zusammengesetzte Regel de tri. Procent- und Zinsrechnung. 2 St. Heger. Decimalbrüche. 1 St. Amthor.

Geographie. 2 St.: Europa. Urbach.

Geschichte. 2 St.: Geschichtsbilder aus der Neuzeit bis Napoleon I. Hausmann, seit Neujahr Manitius.

Kalligraphie. 2 St. Hübner. — **Zeichnen.** 2 St. Fritzsche. — **Gesang.** 2 St. Klinger. — **Turnen.** 2 St. Frei- und Ordnungsübungen der I. und II. Stufe nach der Anleitung zur Ertheilung des Turnunterrichts u. s. w. Dieselben Stufen auch an den Geräthen: Stangengerüst, wagerechte und schräge Leiter, Reck und Barren; im Sommer: Weit-, Hoch- und Tiefsprung. Director Prof. Dr. Kloss und Assistent Gärtner.

IV B. Quarta, zweite Abtheilung.

Klassenlehrer: Dr. Richter, seit Mich. Boxberger.

Religionslehre. 2 St.: Erklärung des 3., 4. und 5. Hauptstückes. Memoriren von dahin gehörigen Sprüchen. Repetition einiger Kirchenlieder. Sperling.

Deutsch. 3 St.: Repetition der regelmässigen Formenlehre. Regeln der Orthographie, Interpunction und Syntax im Anschluss an Lesestücke aus Masius, 2. Th. Correctur der Aufsätze und Dictate. 2 St. Grundt. Lectüre und Declamation von Gedichten aus Echtermeyer. 1 St Richter, seit Mich. Boxberger.

Lateinisch. 10 St.: Auswendiglernen der unregelmässigen Verba nach Ellendt-Seyffert § 102—116. 1 St. Die wichtigsten Regeln aus der Lehre von den Conjunctionen und den Casus. Uebungen im Uebersetzen aus dem Deutschen ins Lateinische im Anschluss an die Grammatik. 4 St. Scripta und Emendations-Uebungen. 2 St. Richter, seit Mich. Boxberger. Cornelius Nepos, Miltiades, Themistocles, Aristides, Hannibal. 3 St. Snell.

Griechisch. 6 St. Regelmässige Formenlehre bis zum starken Aoriststamme. Uebersetzungsübungen nach Büchsenschütz's Lesebuch und Wohlrab's Uebungsbuch. Memoriren der dabei vorgekommenen Vocabeln. Scripta und Formenextemporalien. Oehmichen.

Französisch. 2 St.: Körting, Französ. Grammatik § 17—40. Uebungsbuch I. L. 17—25. II. L. 1—9. Auswendiglernen aller Vocabeln. theilweise mündliche Uebersetzung der Lectionen, Thèmes. Boxberger, seit Mich. Franz.

Arithmetik. 3 St. Einfache und zusammengesetzte Regel de tri. Procentrechnung. Zinsrechnung. Decimalbrüche. Rietzsch.

Geographie. 2 St.: Die aussereuropäischen Erdtheile. Richter.

Geschichte. 2 St.: Neuere Geschichte bis zum Wiener Congress. Boxberger, seit Mich. Franz.

Kalligraphie. 2 St. Hübner. — **Zeichnen.** 2 St. Fritzsche. — **Gesang.** 2 St. Klinger. — **Turnen.** 2 St. Cursus wie bei IV A. Director Prof. Dr. Kloss und Lehrer Bornowsky.

V A. Quinta, erste Abtheilung.

Klassenlehrer: Dr. Urbach.

Religionslehre. 3 St.: Biblische Geschichte des N. T. nach Kurtz § 101—200. 2 St. Ausführliche Erklärung des zweiten Hauptstückes. 1 St. Eckhart.

Deutsch. 3 St.: Repetition der Formenlehre. Die Satzarten. Declamationen. Leseübungen. Correctur der schriftlichen Aufsätze. Urbach.

Lateinisch. 10 St.: Repetition der regelmässigen Formenlehre. Unregelmässige Formenlehre nach Ellendt-Seyffert. Uebersetzungen aus Ostermann's Lesebuch für Quinta. Scripta und Extemporalien. 7 St. Urbach. Wichtigste Regeln der Syntax nach Ostermann. Uebersetzungen aus dem Lateinischen ins Deutsche und umgekehrt nach demselben. Constructionsübungen. 3 St. Uhle.

Französisch. 2 St.: Körting, Französ. Grammatik § 1—17a Uebungsbuch dazu § 1—17. Auswendiglernen aller Vocabeln, mündliche Uebersetzung aller Lectionen. Thèmes. Sonnenschein.

Arithmetik. 3 St.: Gemeine Brüche. Einfache Beispiele über Einheits- u. Mehrheitsschluss. Amthor.

Naturgeschichte. 2 St.: Im Sommer allgemeine Botanik und Beschreibung frisch eingeholter Pflanzen. Im Winter allgemeine Zoologie. Säugethiere und Vögel. Rietzsch.

Geographie. 2 St.: Das Pensum der Sexta repetirt und vervollständigt. Gliederung und Stromsysteme von Amerika, Asien und Australien nach Pütz' Leitfaden. Sperling.

Geschichte. 2 St.: Bilder aus der Geschichte des Mittelalters. Manitius.

Kalligraphie. 2 St. Hübner. — **Zeichnen.** 2 St. Fritzsche. — **Gesang.** 2 St. Klinger. — **Turnen.** 2 St.: Von Frei- und Ordnungsübungen wie von den Geräthübungen die I. und II. Stufe der Anleitung, dann namentlich die Uebungen an der Hang- und Stemmschaukel und im Sommer Turnspiele. Director Prof. Dr. Kloss und Lehrer Bornowsky.

V B. Quinta, zweite Abtheilung.

Klassenlehrer: Dr. Sperling.

Religionslehre. 3 St.: Biblische Geschichte des N. T. nach Kurtz § 101—200. Erlernung einiger Kirchenlieder. 2 St. Grundt. Ausführliche Erklärung des zweiten Hauptstückes. 1 St. Eckhart.

Deutsch. 3 St.: Elemente der Formen- und Satzlehre. Uebungen im Lesen und Declamiren. Analysis von Lesestücken. Correctur der schriftlichen Aufsätze. Sperling.

Lateinisch. 10 St.: Repetition der regelmässigen Formenlehre. Unregelmässige Formenlehre nach Ellendt-Seyffert. Uebersetzungen aus Ostermanns Uebungsbuch für Quinta. Scripta und Extemporalien. 7 St. Sperling. Mündliche Uebersetzungen aus Ostermann's Uebungsbuch mit Erläuterung und Einübung der dort behandelten syntaktischen Regeln. Lectüre zusammenhängender Stücke desselben Uebungsbuches. 3 St. Oehmichen.

Französisch. 2 St.: Körting, Französ. Grammatik § 1—17. Uebungsbuch dazu § 1—20. Auswendiglernen aller Vocabeln, mündliche Uebersetzung aller Lectionen. Thèmes. Boxberger, seit Mich. Franz.

Arithmetik. 3 St.: Gemeine Brüche. Rietzsch.

Naturgeschichte. 2 St.: Im Sommer allgemeine Botanik und Beschreibung frisch eingeholter Pflanzen. Im Winter allgemeine Zoologie. Säugethiere und Vögel. Rietzsch.

Geographie. 2 St.: Physische Geographie der aussereuropäischen Erdtheile. Richter.

Geschichte. 2 St.: Bilder aus der Geschichte des Mittelalters. Boxberger, seit Mich. Franz.

Kalligraphie. 2 St. Hübner. — **Zeichnen.** 2 St. Fritzsche. — **Gesang.** 2 St. Klinger. — **Turnen.** 2 St. Cursus wie bei V A. Director Prof. Dr. Kloss und Lehrer Schubarth.

VI. Sexta.

Klassenlehrer: **Boxberger**, seit Mich. **Dr. Franz.**

Religionslehre. 3 St.: Biblische Geschichte des A. T. nach Kurtz § 1—100. 2 St. Ausführliche Erklärung des ersten Hauptstückes. Memoriren von dahin gehörigen Sprüchen. 1 St. Eckhart.

Deutsch. 3 St.: Lehre von den Wortarten und vom einfachen Satze. Correctur der schriftlichen Aufsätze und Dictate. 2 St. Eckhart. Declamationsübungen. 1 St. Boxberger, seit Mich. Franz.

Lateinisch. 10 St.: Declination der Substantiva und Adjectiva. Comparation. Pronomina. Numeralia. Die regelmässige Conjugation nach Ellendt-Seyffert § 15—97 Abschnitt III. Memoriren von Vocabeln nach Spiess' Uebungsbuch. Mündliche und schriftliche Uebersetzung desselben Uebungsbuches. 7 St. Boxberger, seit Mich. Franz. Einübung der Formenlehre und Elemente der Syntax. Mündliches Uebersetzen aus Spiess. 3 St. Manitius.

Arithmetik. 3 St.: Die vier Species in unbenannten Zahlen. Das neue Maass und Gewicht. Rietzsch.

Naturgeschichte. 2 St.: Im S. Botanik: Beschreibung einzelner Pflanzen. Im W. Beschreibung einzelner Wirbelthiere. Rietzsch.

Geographie. 2 St.: Die fünf Weltmeere. Gliederung und Stromsysteme von Asien, Afrika, Europa, Amerika und Australien nach Pütz' Leitfaden § 4—16. Grundzüge der physikalischen Geographie. Eckhart, seit Mich. Franz.

Geschichte. 2 St.: Griechische Sagen. Bilder aus der alten Geschichte. Snell.

Kalligraphie. 2 St. Hübner. — **Zeichnen.** 2 St. Fritzsche. — **Gesang.** 2 St. Klinger. — **Turnen.** 2 St.: Von Frei- und Ordnungsübungen die I. Stufe der Anleitung, ebenso die I. Stufe von den Geräthübungen am Langbarren, am Stangengerüst, an der wagerechten und schrägen Leiter, an der Hang- und Stemmschaukel. Assistent Gärtner.

III. Sammlungen und Lehrapparat.

A. Schulbibliothek.

Se. **Majestät der König Albert** geruhten allergnädigst durch Herrn Hofrath Dr. J. Petzhold der Schulbibliothek überreichen zu lassen: 1) Lange, L., der homerische Gebrauch der Partikel *δέ*. Thl. 1; 2) Hankel, W. G., elektrische Untersuchungen (aus den Abhandlungen der K. Ges. d. Wissenschaften zu Leipzig, 1872, JJ. MM. König Johann und Königin Amalie Auguste zur Feier des 50jährigen Ehejubiläums gewidmet; Pracht-Exemplare).

Ausserdem gingen als Geschenke ein:

Von dem Königl. Ministerium des Cultus und öffentlichen Unterrichts: 3) Staatshandbuch für das Königreich Sachsen, 1876; 4) Dr. Martin Luthers Vorlesungen über die Psalmen, herausgegeben mit Unterstützung des H. Königl. Ministeriums des C. u. ö. U. und der Generaldirection der Königl. Sammlungen für Kunst und Wissenschaft von Dr. theol. J. K. Seidemann. 2 Bände. Dresden 1876.

Von dem Königl. Sächsischen statistischen Bureau: 5) die Fortsetzung der von demselben herausgegebenen Zeitschrift; 6) Monatliche Berichte über die meteorologischen Beobachtungen, angestellt an den K. Sächsischen Stationen im J. 1875. Dresden 1876.

Von der Direction des Königl. Polytechnicums zu Dresden: 7) Katalog der Bibliothek des K. Polytechnicums (zusammengestellt vom Bibliothekar Prof. Dr. Kuschel). Dresden 1876.

Von der Königl. Commission für das Veterinärwesen: 8) Bericht über das Veterinärwesen im Königreich Sachsen für das Jahr 1875 von Medicinalrath Prof. Dr. Haubner.

Von dem Lehrercollegium der Kreuzschule: 9) Literarisches Centralblatt, Jahrgang 1876.

Von dem unterzeichneten Rector und den Collegen Prof. Dr. Wohlrab, Dr. Uhle, Dr. Snell, Dr. Grundt, Dr. Meltzer, Dr. Urbach, Dr. Sperling, Dr. Weidenbach, Dr. Oehmichen, Dr. Manitius, Boxberger, Dr. Franz: 10) Jenaer Literaturzeitung, Jahrgang 1876.

Von dem Rector: 11) Muschacke, Deutscher Schulkalender für 1876. Leipzig.

Von Herrn Conrector Prof. Dr. Wohlrab: 12) Platonis symposium ed. G. F. Rettig. Halle 1875.

Von Herrn Oberlehrer Dr. Sperling als dem Verfasser: 13) Die Nota relationis im Hebräischen. Leipzig 1876.

Von Herrn Prof. Krieg als dem Verfasser: 14) Katechismus der Stenographie. Leipzig 1876; ferner von demselben: Decret an die Stände, den Entwurf eines Gesetzes über die höheren Unterrichtsanstalten betreffend. Eingegangen bei der 1. Kammer am 16. Nov. 1875; 16) Bericht der dritten Deputation der 1. Kammer, den Entwurf eines Gesetzes über die höheren Unterrichtsanstalten betreffend. Eingegangen den 22. März 1876; 17) Kammerverhandlungen über das Gesetz die höheren Unterrichtsanstalten betreffend.

Von Herrn Dr. L. W. Schaufuss als dem Verfasser: 18) Nunquam otiosus. Zoologische Mittheilungen. Dresden 1870; 19) Correggio's träumende Magdalena. Dresden 1873; 20) Zur Beurtheilung der Gemälde Giorgione's. Dresden 1874.

Von Herrn Dr. Th. Büttner-Wobst als dem Verfasser: 21) De legationibus reipublicae liberae temporibus Romam missis. Leipzig 1873.

Von Herrn Oberlehrer Dr. Ed. Heydenreich in Freiberg als dem Verfasser: 22) Kritisch-Exegetisches zu Aeschylus, Euripides, Hesychius. Ausschnitt aus dem Rhein. Mus. für Philol. Bd. 32.

Von Herrn Buchhändler R. v. Zahn hier: 23) Verzeichniss der Bücher, Landkarten u. s. w., welche vom Juli bis Dec. 1876 neu erschienen sind.

Aus dem Nachlass des Herrn Prof. Dr. H. E. Richter zu Dresden: 24) Griechische Kriegsschriftsteller. Herausg. von H. Köchly und W. Rüstow. 2 Thle. Leipzig 1853. 55.; 25) Homers Odyssee von Joh. Heinr. Voss. Altona 1793; 26) Ciceronis Cato maior et Paradoxa, rec. A. G. Gernhard. Lipsiae 1819; 27) Horazens Briefe, übers. u. erläut. von C. M. Wieland. Leipzig 1790; 28) Verwandlungen nach Publius Ovidius Naso von Johann Heinrich Voss. 2 Thle. Berlin 1798; 29) C. Plinii Secundi naturalis historia, ed. J. Caesarius. Colon. Agripp. 1523; 30) Corn. Tacitus sämmtliche Werke, übers. von C. F. Bahrdt. 2. Aufl. 3 Bde. Wien u. Prag 1801; 31) Des P. Virgilius Maro vier Gesänge vom Landbau, übers. und erklärt von Joh. Heinr. Voss. Altona 1800; 32) Fr. Baconi baronis de Verulamio opera omnia, ed. S. J. Arnold. Lipsiae 1694; 33) The holy Bible etc. London 1693. Acc.: The whole book of Psalms, collected into English meter by Th. Sternhold etc.

Für diese Geschenke erstattet der Rector im Namen des Lehrercollegiums hiermit seinen ehrerbietigsten und besten Dank.

Angekauft wurden theils von den Zinsen des Eulenbeck'schen und Lampe'schen Legates, theils von der aus der Stadtcasse auf das Jahr 1876 bewilligten Summe von 150 Mark, theils endlich von dem Erlös aus dem Verkauf einiger Dubletten: 34) Neue Jahrbücher für Philologie und Pädagogik, Jahrg. 1876; 35) Supplement hierzu Bd. 8, Heft 2 u. 3; 36) Zeitschrift für Gymnasialwesen, Jahrg. 1876; 37) Philologischer Anzeiger, Jahrg. 1876; 38) Rheinisches Museum für Philologie, Bd. XXXI; 39) Hermes, Bd. XI; 40) Studien, von G. Curtius, Bd. IX; 41) Monatsberichte der K. Preuss. Akademie der Wissenschaften zu Berlin, Jahrg. 1876; 42) Berichte über die Verhandlungen der K. Sächs. Gesellschaft der Wissenschaften, philol.-histor. Classe, 1875 Heft 2; mathem.-phys. Classe, 1875 Heft 2—4; 43) Deutsches Wörterbuch von J. u. W. Grimm, Bd. IV, Abth. 1, Lief. 8 u. Abth. 2, Lief. 10; 44) Wackernagel, das deutsche Kirchenlied, Bd. V, Lief. 6—13; 45) Jahresbericht über die Fortschritte der classischen Alterthumswissenschaft. 1. Jahrg. 1872. 2 Bde. Berlin 1875 u. 76. 2. u. 3. Jahrg. 1874—75. Heft 1—8. Berlin 1876; 46) Haupt, M., opuscula. Vol. I. II. III, 1. Lips. 1875. 76; 47) Lachmann, K., kleinere Schriften, herausg. von K. Müllenhoff und J. Vahlen. 2 Bde. Berlin 1876; 48) Corn. Tacitus, recogn. C. Nipperdey. Pa. IV. Berol. 1876; 49) Whitney, W. D., Leben und Wachsthum der Sprache, übers. von A. Leskien. Leipzig 1876; 50) Sievers, E., Grundzüge der Lautphysiologie. Leipzig 1876; 51) Curtius, G., das Verbum der griechischen Sprache. Bd. 2. Leipzig 1876; 52) Hermann, G., epitome doctrinae metricae. Edit. II. Lips. 1844; 53) Wachsmuth, C., die Stadt Athen im Alterthum. Bd. 1. Leipzig 1874; 54) Marquardt-Mommsen, Handbuch der römischen Alterthümer. Bd. 5, auch u. d. T. Röm. Staatsverwaltung von J. Marquardt, Abth. 2. Leipzig 1876; 55) Waitz, G., deutsche Verfassungsgeschichte, Bd. 7. Kiel 1876; 56) Herrmann, E., Geschichte des russischen Staats. Bd. 4—6. Hamburg u. Gotha, 1849—60; 57) Peschel, O., Völkerkunde. 3. Aufl. Leipzig 1876; 58) Peschel, O., neue Probleme der vergleichenden Erdkunde. 2. Aufl. Leipzig 1876; 59) Grimm, J., deutsche Grammatik. 2. Ausg. Bd. 1, Ath. 1. 2, Abth. 1, Berlin 1869. 75; 60) Poggendorff, J. C., biographisch-literarisches Handwörterbuch zur Geschichte der exacten Wissenschaften. 2 Bde. Leipzig 1863; 61) Fortschritte der Physik im J. 1871, bez. 1872. Jahrg. 27, Abth. 2. Jahrg. 28, Abth. 1. Berlin 1876.

B. Physikalisches Cabinet und Mineraliensammlung.

Für das physikalische Cabinet sind angekauft worden:

eine grosse Zungenpfeife mit 12 Resonatoren,
Melde's Stimmgabelapparat,
Modell des menschlichen Ohres,
ein Apparat für singende Flammen,
eine Inclinationsnadel, zugleich Galvanometer und Declinationsnadel,
ein Radiometer,
ein feines Thermometer,
eine grössere Geissler'sche Röhre (sogen. Holtz'sche Röhre),
verschiedene Hofmann'sche Apparate zu quantitativen chemischen Versuchen,
Pyknometer, kleinere Geräthschaften, eine Partie Glaswaaren etc.

Durch Schenkung erhielt das physikalische Cabinet 2 Chromsäure-Elemente und 2 Convexspiegel von Herrn Stud. med. Carl Schumann, sowie ein Fernrohr (für die Beugungsversuche), eine Döbereiner'sche Zündmaschine und Wandtafeln zur Akustik von Prof. Dr. Abendroth.

Für das naturhistorische Cabinet wurde angekauft: Zippel und Bollmann, ausländische Culturpflanzen, bunte Wandtafeln und Text. Braunschweig, Vieweg.

Prof. Dr. Abendroth schenkte sechs von ihm gezeichnete Wandkarten für Temperatur- und Luftdruckvertheilung, Theodor Zacharias, Schüler der Untertertia B, ein Exemplar Astur palumbarius L. Einige Schüler der Untersecunda bereicherten unsere Krystallmodell-Sammlung durch instructiv gearbeitete hemiëdrische Formen. Für alle diese Geschenke sagen wir hiermit besten Dank.

C. Lehrmittel für den geographischen und geschichtlichen Unterricht.

Angekauft wurden: Petermann, Geographische Mittheilungen, Jahrg. 1876. Ergänzungshefte hierzu Nr. 45—49; Arndt's Schulwandkarten von Spanien und Portugal, Italien, Schweiz und Frankreich; v. d. Launitz, Wandtafeln zur Veranschaulichung antiken Lebens und antiker Kunst, Tafel XVIII u. XIX.

D. Schülerbibliothek.

Die obere Beaufsichtigung der Bibliothek führte, wie bisher, Herr Professor Schöne. Das Amt eines ersten Bibliothekars verwaltete der Oberprimaner Mehnert.

Aus der Casse der Bibliothek wurden im Laufe des Jahres angekauft: Ebers, Uarda, 3 Theile, Stuttgart 1877; Naumann, deutsche Tondichter, 2. Aufl., Berlin 1875; Auerbach, nach dreissig Jahren, 3 Thle., Stuttgart 1876; Rollenhagen, Froschmeuseler, 2 Theile, Leipzig 1876; Osenbrüggen, die Schweizer, 2. Aufl., Berlin 1875; Bodenstedt, Shakespeare's Frauencharaktere, Berlin 1874; Hammer, unter dem Halbmond, Leipzig 1860; Roquette, Waldmeisters Brautfahrt, 44. Aufl., Stuttgart 1877; Tyndall, das Licht, herausgeg. von Wiedemann, Braunschweig 1876; Auerbach, drei einzige Töchter, Stuttgart 1875; Freitag, Marcus König, Leipzig 1876; Pecht, deutsche Künstler, Nördlingen 1877; von Arneth, Maria Theresia und der siebenjährige Krieg, 2 Theile, Wien 1875; Reitlinger, freie Blicke, Berlin 1874; Overbeck, Pompeji, 2. Aufl., Leipzig 1875; Typen von National-Physiognomien aus Steinpappe, aus der Baer'schen Sammlung. — Fortgesetzt wurden: Rankes Werke; Heyses Novellenschatz; v. Sybel, Geschichte der Revolutionszeit; Grimm's deutsches Wörterbuch; Goedekes historisch-kritische Ausgabe von Schillers Werken; Goedekes Grundriss zur Geschichte der deutschen Dichtung.

Im Laufe des Jahres gingen als Geschenke ein: von Herrn stud. med. Menschel: Der Olymp von Petiscus, 11. Aufl., Leipzig; Wieland, Musarion, Oberon, Menander und Göttergespräche, 2 Bde., Berlin; von Herrn stud. jur. Schier: Ossians Gedichte, Leipzig 1839; Hebels Werke, Karlsruhe 1847; von Herrn stud. phil. Pusch: Zimmermann, Geschichte des preussischen Staates, Berlin 1846; von Herrn stud. med. Schumann: Spectralanalyse von Lorscheid, Münster 1870; von Herrn Blesse: die königl. sächsische Armee; Ségur, Geschichte Napoleons, 2 Theile, Stuttgart 1849; von Herrn stud. phil. Häbler: Carl Gotthelf Häbler, Lieder, Leipzig 1867; Wittekind, Leipzig 1867; Liebesgeschicke, Leipzig 1867; verschiedene kleinere Schriften; von Hahn in IIa A: Sealsfield, die Grabesschuld, Leipzig 1873; Storch, die Heideschenke, 3 Theile, Leipzig 1856; von Hahn IIa B: Racines Werke, 2 Theile, Paris 1842.

Von den Abiturienten des Jahres 1867 schenkten bis jetzt: Brunst: Herzberg, Zug der Zehntausend, Halle 1870; Mehnert: Heine, Buch der Lieder, Hamburg 1851; Osterwald, Gudrun, Halle 1873; Düringsfeld, am Canal grande, Dresden 1848; Florian, Numa Pompilius, Leipzig 1849.

IV. Statistik.

A. Gymnasialcommission.

Otto Leonhard Heubner, Stadtrath.
Johann Georg Heinrich Scheele, Oberappellationsrath.
Dr. **Friedrich Otto Hultsch**, Rector und Professor.

B. Lehrercollegium.

Professor Dr. **Friedrich Otto Hultsch**, Rector und Ordinarius der Oberprima A.
" Dr. **Ernst Martin Wohlrab**, Conrector und Ordinarius der Prima B.
" **Immanuel Ferdinand Schöne**, Ordinarius der Obersecunda A.
" Dr. **Gustav William Abendroth**, Lehrer der Mathematik und Naturwissenschaft.
Oberlehrer Dr. **Ernst August Neissner**, Ordinarius der Untersecunda A.
" Dr. **Heinrich Theodor Uhle**, Ordinarius der Obersecunda B.
" Dr. **Ernst Oscar Snell**, Ordinarius der Untersecunda B.
" Dr. **Friedrich Immanuel Grundt**, Religionslehrer und Lehrer des Hebräischen (in Stellvertretung Ordinarius der Quarta A).
" Dr. **Otto Meltzer**, Lehrer der Geschichte.
" Dr. **Richard Gustav Heger**, Lehrer der Mathematik und Naturwissenschaft.
" Dr. **Carl Ernst August Amthor**, Lehrer der Mathematik und Naturwissenschaft.
" Dr. **Franz Ferdinand Rietzsch**, Lehrer der Mathematik und Naturwissenschaft.
" Dr. **Paul Carl Hugo Richter**, Lehrer der Geographie und Ordinarius der Untertertia B.
" Dr. **Hermann Wimmer**, Ordinarius der Unterprima A.
" Dr. **Julius Hermann Theodor Urbach**, Lehrer der Geschichte und Geographie und Ordinarius der Quinta A.
" Dr. **Arthur Gotthard Sperling**, Religionslehrer und Ordinarius der Quinta B.
" Dr. **Paul Max Weidenbach**, Ordinarius der Obertertia A.
" Dr. **Friedrich Ernst Gustav Oehmichen**, Ordinarius der Obertertia B.
" Dr. **Carl Heinrich August Manitius**, Ordinarius der Untertertia A.
" **Bernhard Friedrich Boxberger**, Lehrer des Französischen und Ordinarius der Quarta B.
" Dr. **Leopold Gerhard Franz**, Lehrer des Französischen und Ordinarius der Sexta.

Hierüber für den Unterricht in der französischen und englischen Sprache
Oberlehrer **Carl Friedrich Sonnenschein**.

Ausserordentliche Lehrer:

Für Sprachen und Wissenschaften:
Paul Richard Alexander Eckhart, Religionslehrer.
Heinrich Friedrich August Kokemüller, Lehrer der englischen Sprache.

Für die technischen Fertigkeiten:
Professor Dr. **Moritz Kloss**, Director der Königl. Turnlehrer-Bildungsanstalt.
Professor **Heinrich Krieg**, Lehrer der Stenographie.
Musikdirector **Friedrich Oscar Wermann**, Cantor.
Bernhard Klinger, Oberlehrer für Musik am Königl. Seminar, Gesanglehrer.
Anton Hübner, Lehrer der Kalligraphie.
Carl Wilhelm Fritzsche, Zeichenlehrer.

C. Schülercötus.

Die im Laufe des Schuljahres aufgenommenen Schüler sind durch * bezeichnet, und zwar gilt als Tag der Reception der 25. April 1876, wenn nicht ein anderes Datum bemerkt ist. Die im Laufe des Schuljahres abgegangenen Schüler sind zu Ende der einzelnen Klassenlisten aufgeführt. Die fortlaufenden Zahlen des vorjährigen Programms sind in Parenthese hinzugefügt.

A bedeutet Alumnus, C Currendaner.

Ia. *Oberprima.*

Abtheilung A.

1. **Neupert,** A., 1857, Dresden. (53.)
2. **Volker,** C. F. W., 1858, Schneeberg. (54.)
3. **v. Langsdorff,** C. W. G., 1859, Karlsruhe. (66.)
4. **Werbes,** W. H. J. L. A., 1856, Dresden. (58.)
5. **Braust,** R. O., 1856, Dresden. (60.)
6. **Mehnert,** G. H., 1857, Dresden. (61.)
7. **Carl,** J. R., 1856, Dresden. (62.)
8. **Seifert,** H. P., 1857, Dresden. (55.)
9. **Hecker,** O. C., 1857, Dresden. (64.)
10. **Hallbauer,** A. J., 1856, Leipzig. (56.)
11. **Vieter,** G. K. J., 1858, Perleberg. (65.)
12. **Müller,** J., 1855, Bärenstein. A. (57.)
13. **Finsterbusch,** O., 1857, Colditz. (67.)
14. **Springer,** A., 1858, Neidenburg in Ostpreussen. (68.)
15. **Schneider,** F. B. H., 1855, Bischofswerda. (69.)
16. **Müller,** Cl. M., 1856, Leipzig. C. (71.)
17. **v. Arnim,** F. H., 1859, Dresden. (82.)
18. ***Schäfer,** J. G. C., 1857, Rothenburg, O.L.
19. **Lauterbach,** A. H., 1858, Dresden. (73.)
20. **Winkler,** Th. E., 1856, Klein-Naundorf bei Potschappel (74.)
21. **Reiche-Eisenstuck,** M., 1857, Annaberg. (70.)
22. **Hülsmann,** E., 1856, Pirna. (72.)
23. **Flade,** E. H., 1855, Bertheisdorf bei Freiberg. (76.)
24. **Birkner,** F. O., 1855, Dresden. (77.)
25. **Böhmer,** K. F. L., 1857, Bischofswerda. (78.)
26. **Urban,** J. G., 1858, Bergen auf Rügen. (81.)
27. **Schwendler,** H., 1856, Dresden. (84.)
28. **Hartenstein,** E. A., 1855, Pausa. A. (87.)
29. **Klopfleisch,** L. E., 1858, Dresden. (75.)
30. **v. Streealeff,** St., 1857, Moskau. (80.)
31. **Barth,** F. A. A., 1857, Dresden. (85.)
32. **Zahn,** H. L., 1857, Meerane. (89.)
33. **Zimmermann,** H. Th., 1856, Dresden. (79.)
34. **Richter,** G. C. V., 1856, Dresden. (90.)

---

35. **Lehmann,** P. O., 1854, Liebstadt. A. abgeg. mit Reifezeugniss 11. Sept. (25.)
36. **v. Dambrowski,** J., 1856, Riga, abgeg. mit Reifezeugniss 11. Sept. (27.)
37. **Kretzschmar,** O. W., 1858, Grimma, abgeg. mit Reifezeugniss 11. Sept. (30.)
38. **Gehl,** R. A., 1859, Dresden, abgeg. 22. Sept. (63.)

Abtheilung B.

39. **Manitz,** A., 1856, Borna. (93.)
40. **Koch,** E., 1857, Dresden. (94.)
41. **Voigt,** F. A., 1857, Frohburg. (95.)
42. **Poland,** F. J. F. A. L., 1857, Pirna. (96.)
43. **Klinger,** B. W., 1856, Börnichen bei Oederan. (97.)
44. **Reppchen,** M. R. L., 1857, Dohna. (98.)
45. **Gäbler,** J. M., 1857, Dresden. (100.)
46. **Mann,** C. G., 1856, Zwickau. (101.)
47. **Naundorff,** E. J., 1857, Schneeberg. (102.)
48. **Fickert,** G. V., 1858, Dresden. (99.)
49. **Hahn,** R. J., 1858, Dresden. (103.)
50. **Dürigen,** F. R., 1857, Fischbach bei Stolpen. (104.)
51. **Stiebel,** C. A., 1858, Rötha bei Leipzig. (106.)

---

52. **Kohlemann,** F. O., 1855, Rötha bei Leipzig, abgeg. mit Reifezeugniss 11. Sept. (48.)

Ib. *Unterprima.*

Abtheilung A.

53. **Enderlein,** R. O., 1858, Unterwiesenthal. (134.)
54. **Schulze,** J. M., 1859, Dresden. (135.)
55. **Heymann,** P. R. F., 1856, Halsbrücke bei Freiberg. (83.)
56. **Bornemann,** J. E., 1854, Auerbach. (86.)
57. **Landesmann,** E., 1861, Baden bei Wien. (115.)
58. **Stange,** F. O., 1859, Wehrsdorf a. d. Spree. (137.)
59. **Gleczowicz,** J., 1858, Wiszyn, Gouv. Wilna. (138.)
60. **Schubert,** M. O., 1858, Dresden. (139.)
61. **Heubner,** O. L., 1860, Dresden. (114.)
62. **Otto,** F. C., 1860, Dresden. (143.)
63. **Schlesinger,** E., 1859, Kempen, Prov. Posen. (140.)
64. **Roch,** E. H., 1858, Kottenhaide i. V. (141.)
65. **Kretzschmar,** F. G. M., 1857, Stollberg. (142.)
66. **Spiess,** H. Ch., 1858, Dresden. (146.)
67. **Körner,** Ch. R., 1859, Dresden. (126.)
68. **Bondi,** F., 1860, Dresden. (129.)
69. **Schaffrath,** R. M., 1859, Dresden. (125.)
70. **Schmid,** C. O. F., 1858, Dresden. (147.)
71. **Hoff,** T. F. A., 1859, Dresden. (148.)
72. **Wessling,** K. J. G., 1855, Glogau. (119.)

Abtheilung B.

73. **Grosse,** O. J., 1859, Zwickau. (109.)
74. **Häbig,** F. W., 1856, Possendorf. (110.)
75. **Petzholdt,** P., 1859, Dresden. (111.)
76. **Damm,** A. P. R., 1858, Dresden. (112.)
77. **Estel,** H. V., 1858, Waldheim. (113.)
78. **Grengel,** C. A. F., 1858, Magdeburg. (116.)
79. **Leonhardi,** J. M., 1855, Dresden. A. (117.)

80. **Schubert**, H. M., 1857, Schellerhau b. Altenberg. A. (120.)
81. **Beyrich**, M. J., 1856, Nossen. (121.)
82. **Kuntze**, W. P., 1857, Hainichen. (123.)
83. **Schickert**, H. W., 1859, Grossenhain. (124.)
84. **Schuhmann**, A., 1859, Gera. (127.)
85. **Mandel**, F. W. H., 1858, Breslau. (130.)
86. **Bornemann**, J. G., 1857, Auerbach i. V. (153.)
87. **Walther**, G. O., 1857, Dresden. (128.)
88. **Pietsch**, E. A., 1856, Eutschütz b. Dresden. (131.)

IIa. Obersecunda.

Abtheilung A.

89. **Koch**, E. M., 1859, Kottenhaide i. V. (159.)
90. **Haucke**, P. H., 1859, Dippoldiswalda. A. (160.)
91. **Sieber**, O. B., 1858, Dresden. (161.)
92. **Heymann**, R. C. H., 1858, Dresden. (162.)
93. **Ostermeyer**, P. R., 1859, Königsberg. (163.)
94. **Süssmilch**, H. 1859, Dresden. (164.)
95. **Hohlfeld**, F. O., 1856, Ostrau b. Schandau. (165.)
96. **Wermann**, K. Th. E., 1859, Reudnitz bei Leipzig. (168.)
97. **Schleinitz**, J. E., 1860, Dresden. (169.)
98. **Hörentz**, K. M., 1858, Hoyerswerda. (173.)
99. **Pietsch**, J. C. G., 1858, Dresden. (167.)
100. **Lotze**, A. H., 1859, Dresden. (166.)
101. **Devrient**, E. W. A., 1860, Schmölln b. Bautzen. (170.)
102. **Röller**, K. G., 1858, Dresden. (171.)
103. **Wirthgen**, P. A., 1858, Schönfeld b. Pillnitz. (172.)
104. **Frantz**, P. F. J., 1859, Berlin. (174.)
105. **Mickel**, J. L. C., 1858, Dresden. (175.)
106. **Leo**, M. W., 1858, Wüstfalke bei Gera. (177.)
107. **Kyaw**, R. W. M., 1860, Leipzig. (178.)
108. **Schöne**, A. E., 1860, Dresden. (179.)
109. **Schrag**, F. L. C., 1860, Dresden. (180.)
110. **Gnauck**, M. O., 1858, Weickersdorf bei Bischofswerda. (181.)
111. **Clar**, H. A., 1858, Wurzen. (182.)
112. **Hahn**, P. A., 1858, Dresden. (184.)
113. **Hahn**, A. L., 1857, Burkstädt. (191.)

---

114. **Gämlich**, G. R., 1858, Dresden, abgeg. 18. Juni. (187.)
115. **Thode**, H. J., 1859, Oetlishausen, abgeg. 30. Juni. (176.)
116. **Steinhausen**, Th. H. P., 1860, Dresden, abgeg. 23. Sept. (183.)

Abtheilung B.

117. **Wagner**, R. A., 1860, Kamenz. (192.)
118. **Wagler**, P. R., 1861, Giessmannsdorf b. Luckau. (193.)
119. **Bretschneider**, R. Th., 1858, Priessen bei Nossen. (194.)
120. **Hennig**, E. A., 1858, Obermuschütz b. Lommatzsch. A. (195.)
121. **Kretzschmar**, K. O., 1859, Kreinitz bei Lorenzkirch. (196.)
122. **Schultze**, F. O., 1858, Dittmannsdorf b. Nossen. (197.)
123. **Pöhlmann**, A. B., 1857, Grünhain. (198.)
124. **Schulze**, C., 1859, Kreyern b. Moritzburg. (152.)
125. **Marschner**, K. F. G., 1858, Bischofswerda. (205.)
126. **Beyer**, A. W. A., 1856, Schellenberg. (206.)
127. **Hahn**, E. G., 1860, Werdau. A. (207.)
128. **Menschel**, G. H., 1861, Buchbrunnen b. Kitzingen. (209.)
129. **Schnauder**, F. H., 1860, Dresden. (210.)
130. **Stohmann**, H. F., 1861, Dresden. (150.)
131. **Büttner-Wobst**, C. A. P., 1860, Dresden. (151.)
132. **Hanitzsch**, G. F., 1858, Dresden. (155.)
133. **Hofmann**, B. M. G., 1859, Dresden. (154.)
134. **Hensel**, O. R., 1858, Freiberg. (200.)
135. **Levy**, M., 1857, Dresden. (204.)
136. **Kuntze**, W. J., 1859, Dresden. (212.)
137. **Schimmel**, O., 1858, Reibesgrün bei Auerbach. A. (201.)
138. **Wielopolski**, Graf L., 1860, Krakau. (213.)
139. **Neukirchner**, G. R., 1856, Kühnhaide bei Zwönitz. (215.)
140. ***Kraywicki**, K. M., 1860, Petersburg, aufgen. 25. April.
141. **Stölzel**, G., 1859, Nossen. A. (208.)

---

142. **Meier**, E. F. J., 1860, Flemmingen, abgeg. 22. Dec. (199.)

IIb. Untersecunda.

Abtheilung A.

143. **Koch**, G. W., 1859, Chemnitz. (220.)
144. **Hildebrandt**, F. R., 1861, Magdeburg. (221.)
145. **v. Beschwitz**, E. M., 1860, Alt-Hörnitz bei Zittau. (185.)
146. **Gebhardt**, R. M., 1858, Dresden. C. (188.)
147. **v. Dambrowski**, H. A. K., 1859, Riga. (189.)
148. **Herrmann**, H. E. O., 1858, Hoyerswerda. (190.)
149. **Rülling**, B. J., 1861, Bautzen. (224.)
150. **Holtzsch**, R. C. L., 1860, Dresden. (225.)
151. **Böttcher**, S. J., 1860, Reichenbach i. V. (226.)
152. **Liebe**, E. M., 1859, Dippoldiswalda. (227.)
153. **Flade**, P. S. M., 1860, Dresden. (228.)
154. **Petzholdt**, J., 1861, Dresden. (229.)
155. **Dietrich**, A. V., 1861, Stollberg b. Chemnitz. (230.)
156. **Koch**, G. L. A., 1860, Dresden. (222.)
157. **Hahn**, J. H., 1861, Dresden. C. (223.)
158. **Ostermuth**, P. L., 1858, Hainichen. A. (232.)
159. **Dähne**, M. H., 1859, Döbeln. (233.)
160. **Schmidt**, J. W. Th., 1859, Dresden. (234.)
161. **Oehmich**, F. L. H., 1860, Meerane. (236.)
162. **Schüttel**, Ch. J., 1861, Leipzig. (237.)
163. **Hitzschold**, A. G., 1861, Dresden. (239.)
164. **Zumpe**, J. H., 1860, Dresden. (245.)
165. **Löscher**, F. H., 1860, Annaberg. A. (243.)
166. **Quenzel**, R. P., 1859, Dresden. (249.)
167. **Wolf**, O. G., 1860, Lauenstein. (250.)
168. **Herrmann**, E. W. A., 1860, Dresden. (251.)
169. **Seltmann**, M. G., 1860, Zauckerode. (257.)

170. **Sauermann,** C. F. F. M., 1860, Sorau. (258.)
171. **Jacob,** E. O., 1858, Dresden. C. (231.)
172. **Kiessling,** G. A. F., 1858, Dresden. (235.)
173. **Witting,** K. J. A. A., 1861, Dresden. (246.)
174. **Franke,** H. H. A., 1860, Plauen bei Dresden (217.)
175. **Hauswald,** G. A., 1858, Seeligstadt bei Stolpen. A. (253.)
176. **Zampe,** P., 1860, Dresden. (254.)
177. **Fiedler,** P. A., 1858, Buchholz. (255.)

178. **Ritter,** O. F. R., 1857, Darkehmen in Ostpreussen, abgeg. 22. Sept. (186.)
179. **Leitzmann,** F. E., 1860, Rochlitz, abgeg. 22. Sept. (244.)

Abtheilung B.

180. **Grundmann,** H. R., 1860, Dresden. A. (260.)
181. **Böhme,** G. E., 1859, Sohland a. d. Spree. (262.)
182. **Seifert,** J., 1860, Altcoschütz bei Dresden. (261.)
183. **Hultzsch,** A. A. F., 1861, Dresden. (264.)
184. **Meuschel,** J. J. H., 1862, Buchbrunn bei Kitzingen. (271.)
185. **Walther,** C. F., 1861, Dresden. (265.)
186. **Welcker,** G. L., 1860, Dresden. (267.)
187. **Dürigen,** F. J., 1859, Wuischke bei Bautzen. (266.)
188. **Jentsch,** H. A., 1860, Blasewitz. (273.)
189. **Spalteholz,** K. W., 1861, Dresden. (279.)
190. ***Schröder,** G. H., 1862, Vietz bei Frankfurt a. O.
191. ***Ackermann,** A. H., 1860, Görlitz.
192. **Schwartz,** H. L. A., 1860, Memel. (214.)
193. **Giessmann,** E. A., 1861, Röhrsdorf bei Wilsdruff. (274.)
194. **v. Chelius,** W. J., 1860, Heidelberg. (270.)
195. **Lebel,** H., 1859, Bukarest. (284.)
196. **Veith,** W. A. G., 1858, Frankfurt a. M. (287.)
197. **Zschocke,** O. R., 1861, Dresden. (297.)
198. **Mankiewicz,** H., 1860, Breslau. (268.)
199. **Trummler,** M., 1861, Pirna. (280.)
200. **Elias,** D. J., 1860, Bukarest. (277.)
201. **Carl,** M., 1859, Dresden. (272.)
202. **Richter,** M. W. F., 1861, Machern. (275.)
203. **Wirthgen,** P. J., 1859, Schönfeld bei Pillnitz. (278.)
204. **Nadler,** E. M., 1860, Dippoldiswalda. (282.)
205. **Zapf,** O. B., 1862, Suhl. (291.)
206. **Held,** C., 1859, Dresden. (216.)
207. **v. Lemmers-Danforth,** F. W. J., 1861, Berlin. (281.)
208. ***Held,** P., 1861, Dresden
209. ***Koch,** F. B., 1859, Charkow, aufgen. 15. Juni.
210. ***Seltányi,** D. S., 1860, Pest, aufgen. 19. Juni.
211. **Schmieder,** H. Th. W., 1858, Schwepnitz bei Königsbrück. C. (283.)

212. **Fasold,** E. R. C., 1857, Dresden, abgeg. 30. Juni. (269.)
213. **v. Dambrowski,** H. P. E., 1861, Riga, abgeg. 2. Sept. (276.)
214. **Krömer,** H. O., 1859, Brand bei Freiberg. A, † 29. Sept. (285.)
215. **v. Schossberger,** G., 1860, Pest, abgeg. 4. Jan. (263.)

IIIa. Obertertia.

Abtheilung A.

216. **Thomas,** G. M., 1862, Dresden. (301.)
217. **Bischstein,** A., 1863, Dresden. (302.)
218. **Schilling,** G. R., 1859, Dresden (240.)
219. **Rosenhagen,** G. H. G., 1861, Dresden. (299.)
220. **Rollfuss,** C., 1861, Chemnitz. (252.)
221. **Wengler,** A. E. P., 1863, Dresden. (303.)
222. **Schiller,** A. A. B., 1859, Siebenbrunn bei Markneukirchen. A. (304.)
223. **Reichel,** P. G., 1859, Wahnsdorf bei Moritzburg. A. (305.)
224. **Böttcher,** P. G. R., 1861, Zittau. (338.)
225. **Otto,** H., 1863, Meissen. (307.)
226. **Peter,** Cl. J., 1861, Pirna (308.)
227. **Lippert,** H. W., 1861, Dresden. (309.)
228. **Dietrich,** E. O., 1861, Pulsnitz. (310.)
229. **Freund,** E., 1864, New-York. (311.)
230. **Günther,** E. M. B., 1860, Zwickau. (312.)
231. **Rage,** R. F., 1862, Dresden. (313.)
232. **Hahn,** J. M., 1861, Werdau. A. (314.)
233. **Frühling,** H. E. F. G., 1862, Klein-Bandtken bei Marienwerder. (315.)
234. ***Porges,** E. E., 1860, Olmütz.
235. **Fredy,** H. G. W., 1861, Dresden. (317.)
236. **Kormann,** O., 1861, Dresden. (330.)
237. **Klopfleisch,** L. J., 1862, Dresden. (318.)
238. **Kleinstück,** E. H., 1861, Dresden. (320.)
239. **Schöne,** K. W., 1862, Dresden. (322.)
240. **Dittrich,** E. E., 1861, Eythra. (324.)
241. **Amen,** E. E., 1861, Prenzlau. (325.)
242. ***Ladeburg,** G. L., 1860, Potsdam.
243. **Wohlrab,** H. F. K., 1863, Dresden. (323.)
244. **Schmidt,** Ph. Th., 1861, Dresden. (306.)
245. **Hettner,** H. M., 1862, Dresden. (321.)
246. **Standfuss,** J. L. G., 1861, Dresden. (326.)
247. **Hassmann,** W. Th., 1863, Stettin. (328.)
248. **Zenker,** A. W., 1861, Dresden. (319.)
249. ***Pfotenhauer,** R. F., 1861, Potschappel.
250. **Richter,** C. E. A., 1861, Neustadt b. Stolpen. (331.)

251. **Klemm,** O. Th., 1859, Dresden, abgeg. 17. Jan. (332.)

Abtheilung B.

252. **Körner,** Ch. A., 1862, Dresden. (343.)
253. **Walther,** C. J., 1860, Burkhardswalde bei Wesenstein. (344.)
254. **Hubert,** B., 1861, Dresden. (345.)
255. **Körner,** A. E., 1860, Lengenfeld i. V. (346.)
256. **Stein,** A., 1862, Pest. (352.)
257. **Tauscher,** E. G., 1859, Blasewitz. (288.)
258. **Bräunert,** G. R., 1860, Dresden. (294.)
259. **Lehmann,** C. M., 1858, Pausa. (286.)
260. **v. Metzsch,** C. L., 1859, Dresden (292.)
261. **Meltzer,** M. P., 1860, Dippoldiswalda. C. (347.)
262. **Schmidt,** A., 1862, Wilsdruff. (320.)
263. **Herrmann,** L. E., 1862, Dresden. (353.)

264. **Krause**, H. G., 1862, Dresden. (354.)
265. **Tetzner**, P. E., 1862, Csezenye. (363.)
266. **Bernhard**, J. R., 1862, Tharandt. (365.)
267. **Schmidt**, F. L., 1862, Dresden. (369.)
268. **Zuschke**, P. H., 1860, Dresden. (290.)
269. **Bondi**, J. C., 1862, Mainz. (205.)
270. **Feller**, H. C., 1862, Dresden. (351.)
271. **Zimmermann**, P. L. R., 1861, Dresden. (358.)
272. **Brumst**, G. O., 1860, Ehrenberg b. Leipzig. (370.)
273. **Bernkopf**, J. W. C., 1861, Berlin. (371.)
274. **Müller**, C. A., 1860, Bärenstein bei Lauenstein. A. (372.)
275. **v. Otto**, C. E., 1861, Possendorf bei Dippoldiswalda. (377.)
276. **Hölemann**, M., 1858, Pirna. (293.)
277. **Herrmann**, G. F., 1859, Greiz. (356.)
278. **Gärtner**, G. R., 1862, Dresden. (361.)
279. **Gerlach**, Th. H., 1861, Dresden. (360.)
280. **Gottschall**, M. G., 1859, Dresden. (362.)
281. **Schaufuss**, F. Ch. C., 1862, Dresden. (374.)
282. **Menschel**, W. A., 1862, Buchbrunn b. Kitzingen. (378.)
283. **Reuther**, F. R. G. L., 1859, Fichtenberg b. Mühlberg. (349.)
284. **Zerener**, W. B., 1862, Potschappel. (364.)
285. **Lehmann**, P. G., 1863, Dresden. (368.)
286. **Prölss**, R. Th., 1862, Dresden. (379.)
287. **Schmidt**, O. W., 1862, Dresden. (359.)

288. **Schultz**, J. E. H., 1861, Marienburg in Westpreussen, abgeg. 30. Juni. (366.)
289. **Wielopolski**, Graf A. M. Th. J., 1861, Warschau, abgeg. 19. Oct. (376.)
290. **Richter**, G. E., 1858, Strehlen bei Dresden, A., abgeg. 15. Jan. (367.)
291. **Werner**, E. B., 1860, Sayda, C., abgeg. 31. Jan. (348.)

IIIb. Untertertia.

Abtheilung A.

292. **Raum**, G. Th., 1862, Dresden. (384.)
293. **Unger**, H. A., 1863, Dresden. (385.)
294. **Kockel**, G. W. E., 1862, Dresden. (392.)
295. **v. Elterlein**, H. K. R., 1863, Potschappel. (393.)
296. **Rose**, O. R., 1862, Dresden. (394.)
297. **Schimmel**, W. B., 1862, Bärwalde bei Moritzburg. A. (395.)
298. **Heimbürger**, J. A. 1862, Petersburg. (397.)
299. **Göhler**, H. R., 1863, Dresden. (398.)
300. **Behn**, O. J. W., 1862, Kiel. (375.)
301. **Haltzsch**, B. W. R., 1863, Dresden. (391.)
302. **Gleotz**, R., 1862, Dresden. (390.)
303. **Friedrich**, W. H., 1862, Dresden. (400.)
304. **Köhler**, R. M. K., 1863, Dresden. (401.)
305. **Sauer**, C. H. O., 1861, Neukirch am Hochwalde. A. (403.)
306. **Ludwig**, G. W., 1860, Königstein. (333.)
307. **Hartung**, P. J., 1861, Radeburg. (329.)
308. **Kretzschmar**, Th. H. A., 1862, Dresden. (405.)
309. **Berger**, G. L. O., 1862, Radeberg. (406.)
310. **Friese**, K. R. A., 1863, Dresden. (407.)
311. **Lewicki**, E. A. W., 1863, Alten, Canton Solothurn. (408.)
312. **Vogel**, K. R., 1862, Zwickau. (409.)
313. **Böhme**, G. A. A., 1864, Dresden. (410.)
314. **Marcks**, K. J. A., 1864, Hannover. (414.)
315. **Koch**, E. H., 1861, Tharandt. (338.)
316. **Bruch**, K. M. F., 1860, Berlin. (337.)
317. ***Mayer**, C. G. P., 1863, Dresden.
318. **Hähler**, O., 1864, Dresden. (402.)
319. **Naumann**, F. B. M., 1863, Berlin. (396.)
320. **Kretzschmar**, H. O., 1863, Plauen i. V. (404.)
321. **Judeich**, J. E. B., 1862, Dresden. (419.)
322. **Gottschalk**, C. P., 1863, Dresden. (417.)
323. **Lehmann**, H. Th. O., 1861, Dresden. (388.)
324. **Pudor**, F. J., 1863, Dresden. (416.)
325. **Rüger**, P. K. E., 1861, Dippoldiswalda. (386.)
326. **Erdmann**, A. G., 1861, Dresden. (389.)
327. **Wittig**, H. E. C., 1862, Dresden. (390.)
328. **Siegel**, C. H., 1863, Dresden. (422.)
329. ***Mansch**, P. H., 1862, Dresden, aufgen. 2. Oct.
330. ***Braune**, K. A., 1861, Serena in Chile, aufgen. 2. Oct.
331. **Wilhelm**, J. A., 1861, Wien, aufgen. 2. Oct.

332. **Oehme**, G. O. P., 1861, Zschopau, abgeg. 8. Mai. (327.)
333. **v. Bode**, F. J. A., 1863, Rosenberg in Westpreussen, abgeg. 1. Juni. (335.)

Abtheilung B.

334. **Siebdrat**, P. G. O., 1862, Chemnitz. (424.)
335. **Gross**, J. R., 1862, Dresden. (425.)
336. **Kretzschmar**, P. H., 1863, Dresden. (373.)
337. **Böhme**, W., 1861, Dresden. (357.)
338. **Kindler**, A., 1861, Sayda. A. (426.)
339. **Meltzer**, K. M., 1862, Döbeln. (427.)
340. **Immisch**, J. H. O., 1862, Warthe i. d. Lausitz. (428.)
341. ***Lindau**, W. F., 1861, Hainsberg b. Dresden, aufgen. 13. Mai.
342. **Fleck**, R. H., 1862, Burckhardshain bei Wurzen. (429.)
343. **Seidel**, P. E. M., 1861, Dresden. A. (430.)
344. **Pfitzinger**, F. W. A., 1864, Schöningen. (432.)
345. **Röller**, C. W. G., 1863, Dresden. (433.)
346. **Mäser**, M. A., 1863, Dresden. (434.)
347. **Schlemmer**, E. R., 1862, Dittersdorf bei Glashütte. A. (435.)
348. **Schneider**, F. J., 1863, Dresden. (439.)
349. ***Haaltzsch**, M. Th., 1862, Dittersdorf bei Glashütte.
350. **Schöne**, F. P., 1863, Dresden. (436.)
351. **Ludwig**, R., 1863, Stollberg bei Chemnitz. (437.)
352. **Gottschall**, A. W. M., 1862, Dresden. (431.)
353. **Herzog**, A. C. E., 1861, St. Petersburg. (382.)
354. **Schnauder**, K. A. R., 1863, Dresden. (441.)
355. **Zenker**, J. H., 1862, Dresden. (442.)
356. **Porth**, C. M. C. W., 1864, Hannover. (444.)
357. **Gottschalk**, H. J. W., 1863, Dresden. (445.)
358. **Holfert**, J., 1864, Dippoldiswalda. (446.)

359. **Zenker**, W. L., 1864, Dresden. (447.)
360. **Mankiewicz**, O. S. Ph., 1864, Breslau. (448.)
361. **Hölemann**, J., 1862, Pirna. (449.)
362. **Zacharias**, A. Th., 1861, Schmalzgrube bei Jöhstädt. (450.)
363. **Gleets**, A., 1863, Dresden. (459.)
364. **Hager**, M. M., 1860, Reichenbach bei Königsbrück. (458.)
365. **Kunzer**, C. A. E., 1863, Dresden. (452.)
366. **Staums**, C., 1864, Dresden. (453.)
367. **Schlechtinger**, E. A. A., 1864, Kasan. (454.)
368. **Förster**, M. H. O., 1863, Löwenberg in Schlesien. (455.)
369. ***Mehrländer**, L., 1862, Dresden.
370. ***Schwemer**, C. A., 1863, Dresden.
371. ***Lissel**, J. P., 1862, Löbau, aufgen. 2. Oct.
372. ***Keil**, P. R., 1861, Leipzig, aufgen. 2. Oct.
373. ***Häntzsche**, C. J. C., 1865, Dresden, aufgen. 8. Jan.

---

374. **Küntzelmann**, F. W., 1860, Dresden, abgeg. 8. Mai.

IV. Quarta.

Abtheilung A.

375. **Lehmann**, C. A., 1864, Riesa. (471.)
376. **Hettner**, F. H. E., 1863, Dresden. (474.)
377. **Lehmann**, R., 1862, Dresden. (412.)
378. **Krauser**, B. M. E., 1861, Dresden. (465.)
379. **Becker**, P. J., 1864, Dresden. (420.)
380. **Meinhold**, J. W., 1863, Dresden. (464.)
381. **Enderlein**, A. C., 1862, Leipzig. (415.)
382. **Prölss**, M. O., 1863, Dresden. (466.)
383. **Haase**, G. W., 1862, Dresden. A. (470.)
384. **Herrklotzsch**, W. L. W., 1863, Gröbzig bei Köthen. (411.)
385. **Gnauck**, B. P., 1862, Dresden. (476.)
386. **Ruge**, W. K. Th., 1865, Dresden. (472.)
387. **Strobel**, C. M., 1862, Dresden. (421.)
388. **Krömer**, P. E., 1861, Brand bei Freiberg. A. (473.)
389. **Hayn**, C. F. T., 1863, Auerbach b. Zwickau. (475.)
390. **Witting**, G. J. W., 1864, Dresden. (418.)
391. **Silberstein**, A., 1863, Gleiwitz. (478.)
392. **Cörner**, H. F. F., 1864, Dresden. (480.)
393. **Zunz**, L., 1863, Dresden. (502.)
394. **Bachmann**, G., 1863, Dresden. (481.)
395. **Wahnung**, C. H., 1864, Schönhaide. (482.)
396. **Richter**, J. F. E., 1863, Dresden. (501.)
397. **Lötze**, C. A., 1864, Dresden. (484.)
398. **Klemm**, J. E. P., 1863, Dresden. (490.)
399. ***Puricelli**, L. A., 1862, Chemnitz.
400. **Teucher**, R. S., 1862, Dresden. (423.)
401. **Lehmann**, C. A., 1865, Chemnitz. (477.)
402. **Koczorowski**, N. L. C., 1861, Gola bei Jaracevo in Polen. (483.)
403. **v. Jalics**, F. X. A. P., 1864, Pest. (488.)
404. **Wimmer**, P. H., 1864, Dresden. (532.)
405. **Zenker**, J., 1863, Plauen i. V. (489.)
406. ***Reinhardt**, P. A., 1863, Dresden.
407. **Gottschalk**, G. C., 1864, Dresden. (485.)
408. **Leplatoni**, O. E. Th., 1864, Thorn. (486.)
409. **Schreiber**, A. F. L., 1862, Blaufarbenfabrik bei Schwarzenfels, Prov. Hessen-Nassau. (469.)
410. **Bieber**, K. O., 1864, Bärenfels b. Altenberg. (496.)
411. **Hennicke**, L. F., 1864, Dresden. (492.)
412. **Schultze**, A. M. P., 1864, Dresden. (487.)
413. **Siegert**, O. C., 1861, Mügeln bei Oschatz. (498.)
414. **Gilderdale**, H., 1860, Walthamstow in England. (468.)
415. **Luther**, W. G. A., 1864, Dresden. (494.)
416. ***Meier**, P. E. Ch., 1864, Loesnitz, aufgen. 2. Oct.

---

417. **Kawelmacher**, M. H. B. L., 1864, Stralsund, abgeg. 22. Mai. (467.)

Abtheilung B.

418. **Rehn**, R. J., 1862, Dresden. (505.)
419. **Arndt**, J. P., 1865, Dresden. (506.)
420. **Thiele**, E. E., 1861, Zschopau. A. (507.)
421. **Mantschick**, H. J. L., 1863, Liebstadt bei Pirna. (508.)
422. **Bendiner**, M., 1863, Wien. (451.)
423. **Schauer**, O. W. R., 1863, Dresden. (456.)
424. **Teucher**, J. S., 1863, Dresden. (457.)
425. **Meyer**, A. C., 1860, Reitzenhain bei Marienberg. C. (460.)
426. **Otto**, P. E., 1863, Dresden. (462.)
427. **Heller**, F., 1863, Dresden. (500.)
428. **Kessler**, P. R., 1864, Gross-Erkmannsdorf b. Radeberg. C. (510.)
429. **Schuhmann**, M., 1864, Darmstadt. (523.)
430. **Jeremias**, C. G. A., 1864, Markersdorf bei Neukirchen. C. (515.)
431. **Korzeniowski**, J. R., 1863, Pulawy in Polen. (517.)
432. **Vogel**, W. H. W., 1863, Kötzschenbroda. (525.)
433. **Begmann**, P. R., 1862, Porschdorf bei Schandau. A. (543.)
434. **Demuth**, A., 1862, Reichenberg in Böhmen. (542.)
435. **Comstädt**, E. L., 1864, Breslau. (519.)
436. ***Tauscher**, G. O., 1863, Blasewitz.
437. ***Mangelsdorf**, J. E. F., 1864, Naundorf bei Grossenhain.
438. ***Weineck**, K. R. E., 1863, Dresden.
439. **Baumfelder**, F. H. A., 1864, Dresden. (516.)
440. **Schickert**, G. W., 1864, Grossenhain. (522.)
441. **Hertel**, C. H., 1861, Grimma. (514.)
442. ***Haussner**, B. A., 1865, Sprottau.
443. **v. Hatten**, G., 1863, Thorn in Westpreussen. (513.)
444. **Singer**, E. J., 1865, Dresden. (526.)
445. **Wallerstein**, W., 1865, Dresden. (528.)
446. **Witschel**, H. A. J. M., 1863, Dresden. (524.)
447. **Brügmann**, K. G., 1864, Burkstädt. (530.)
448. ***Schulze**, F. Cl., 1864, Dresden.
449. **Kleinstück**, F. Th., 1861, Breitenbrunn. A. (511.)
450. **Hoffmann**, O. P., 1863, Grossenhain. (520.)
451. **Bülling**, C. O. P., 1863, Potschappel. A. (527.)
452. **Gärtner**, O. H., 1864, Dresden. (518.)
453. **Mühle**, J. F. G., 1864, Dresden. A. (535.)
454. ***Fischer**, H. R., 1864, Leipzig.
455. ***Gattel**, B., 1865, San Francisco.
456. **Wulffen**, W. H. E., 1862, Dresden. (529.)
457. ***Zeuner**, F. G., 1864, Fluntern b. Zürich.

---

458. ***Seebohm**, C. S., 1865, Düsseldorf, abgeg. 7. Nov.

V. Quinta.

Abtheilung A.

459. Keckel, F. R., 1865, Dresden. (546.)
460. Jäkel, J. F., 1864, Dresden. (547.)
461. Dietrich, R. B., 1864, Dresden. (550.)
462. Thüme, J. E., 1864, Dresden. (559.)
463. Gross, G. A., 1865, Dresden. (556.)
464. *Schmidt, O., 1864, Wilsdruff.
465. *Göhler, K. M., 1862, Wilsdruff.
466. *Reichel, F. W., 1866, Dresden.
467. Pick, F., 1865, Theresienstadt. (491.)
468. Lee, H. O., 1862, Mahlis bei Wermsdorf. (540.)
469. Naumann, M. V. W., 1865. Berlin. (479.)
470. Teichmann, M. M., 1864, Leipzig. (500.)
471. Weck, H. D., 1864, Dresden. (499.)
472. Heinemann, M., 1864, Dresden. (554.)
473. Hecht, W. C. A. G., 1865, Mühlhausen. (558.)
474. Grosse, H. R., 1864, Dresden. (562.)
475. Vahlteich, J. R., 1864, Dresden. (566.)
476. *Wolf, R. L., 1864, Dresden.
477. *Klippchen, R. W., 1864, Dresden.
478. *Kühn, C. Ch. H., 1866, Dresden.
479. *Kretzschmer, F. X. E. G., 1863, Dresden.
480. *Bassenge, C. Cl., 1864, Dresden, aufgen. 13. Mai.
481. *Bressler, B. R., 1865, Dresden.
482. *Reus, G., 1864, Elsfeld.
483. *Herrmann, J. W., 1865, Dresden.
484. Klopfleisch, J. C., 1865, Dresden. C. (560.)
485. Just, E. L., 1864, Dresden. (565.)
486. Nowotny, E., 1862, Alt-Rolau b. Karlsbad. (571.)
487. *Schwede, Th. Cl., 1864, Wurzen.
488. *Stöhmke, K. F. W. R., 1866, Dresden.
489. *Hübler, K. A. H., 1865, Dresden.
490. *Moritz, A. E., 1866, Tremessen bei Czerniejeno.
491. *Friedländer, L., 1866, Baden im Aargau, Schweiz.
492. Richter, J. M., 1863, Kaitz bei Dresden. (568.)
493. Pader, C. H. A., 1865, Dresden. (576.)
494. Gänschel, F. A. R., 1865, Dresden. C. (573.)
495. *Fangohr, J. F., 1865, Dresden.
496. *Müller, F. G., 1863, Dresden. C.
497. *Rost, C. A. Th., 1864, Leipzig, aufgen. 2. Oct.
498. *Liebe, E. J., 1864, Klingenthal i. V., aufgen. 2. Oct.

---

499. Meinel, B. F., 1865, Dresden, abgeg. 31. Aug. (579.)
500. Meinhold, H. J. C., 1863, Dresden, abgeg. 31. Aug. (464.)

Abtheilung B.

501. Hübner, C. A. G., 1864, Dresden. (548.)
502. Trautmann, A. E., 1863, Glauchau. (549.)
503. Hartung, R. Th., 1865, Dresden. (521.)
504. *Sahre, L. O., 1864, Dresden.
505. Mendel, F., 1865, Görlitz. (538.)
506. Zimmer, C., 1865, Dresden. (537.)
507. Vetter, J. P., 1864, Dresden. (534.)
508. Grundig, G., 1864, Dresden. (533.)
509. Schlenkrich, G. A., 1863, Chemnitz. (531.)
510. Düriges, F. G. G., 1863, Dresden. (536.)
511. Hirt, F. W. A., 1864, Magdeburg. (539.)
512. Meyer, G. Th., 1862, Chemnitz. (497.)
513. Mann, E. E., 1861, Grossenhain. A. (551.)
514. Löber, G., 1865, Eichenberg bei Orlamünda a. S. (552.)
515. Weisel, H. A., 1865, Dresden. (555.)
516. Kögler, P. C., 1864, Dresden. (557.)
517. Geucke, C. E., 1864, Meerane. (553.)
518. Baron, F. C., 1864, Limbach. (561.)
519. Uderstadt, A. E. L., 1864, Dresden. (563.)
520. Müller, E. A., 1865, Scheibenberg. (564.)
521. *Kretzschmar, Th. J., 1864, Dresden.
522. *Keller, K. E. J., 1865, Kemnitz bei Bernstadt.
523. *Schubert, H. M., 1864, Neuhausen. A.
524. *Leuthold, J. A., 1865, Dresden.
525. Mörbe, A. O., 1865, Dresden. (567.)
526. Eggeling, F. A. E., 1865, Dresden. (569.)
527. Zenker, O. A., 1865, Dresden. (570.)
528. Rameth, E. F., 1865, Dresden. (582.)
529. *Stadelmann, J. H. E., 1865, Königsberg.
530. *Pröl̈ss, Ch. H., 1864, Dresden.
531. *Lindemann, B. G. L., 1865, München. C.
532. *Meissner, P. A., 1865, Dresden.
533. *Göhlert, J. F. O., 1866, Frankfurt a. O., aufgen. 13. Mai.
534. Silbermann, M., 1865, Dresden. (575.)
535. Bayer, A., 1865, Hirschberg a. S. (581.)
536. *Höfer, C. E. O., 1865, Dresden.
537. *Fricke, G., 1864, Zittau.
538. *Kaiser, H. F., 1865, Dresden.
539. *Löwe, E. F. L., 1865, Düben, aufgen. 2. Oct.
540. *Uhse, A. A. E., 1864, Czenstochau, aufgen. 8. Oct.

---

541. Korzeniowski, S. J. A., 1864, Pulawy in Polen, abgeg. 25. Sept.

VI. Sexta.

542. *Walther, F. G., 1866, Dresden.
543. *Bachmann, E. Th., 1864, Dahlen.
544. *Werner, G. M., 1864, Dresden.
545. Lienig, G. F. L., 1865, Dresden. (574.)
546. Pohl, F. B. M., 1864, Dresden. (572.)
547. Rüger, F. C. E., 1865, Dresden. (580.)
548. Wohlrab, P. G., 1866, Dresden. (583.)
549. Sonnenschein, H. P. C., 1866, Dresden. (585.)
550. Reh, D. H., 1864, Dresden. (584.)
551. *Köhler, E. E. O., 1865, Dresden.
552. *Leplatoni, E. J. L., 1865, Thorn.
553. *Cörner, C. H. Th., 1866, Dresden.
554. *Hesse, H. R., 1864, Dresden. C.
555. *Geyh, E. C., 1866, Dresden.
556. *Winkler, M. 1864, Leipzig. C.
557. *Nitzsche, Cl. P., 1864, Bautzen. C.
558. *Wahl, G. L. F., 1866, Dresden.
559. *Hertzschuch, P. O., 1866, Dresden.
560. *Weisel, J. G., 1866, Dresden.
561. *Koch, G. L. W., 1865, Chemnitz.
562. *Michelet, P. Ch. A., 1866, Berlin.
563. *Wetzlich, K. E., 1865, Dresden.

564. *__Bassenge__, F. E., 1866, Dresden.
565. *__Meinel__, G. A., 1866, Dresden.
566. *__Sauermann__, C. R. M., 1865, Sorau N. L.
567. *__Bennewitz__, E. G., 1865, Dresden.
568. *__Schwietering__, G. F. H., 1866, Dresden.
569. *__Hopffe__, M. H., 1866, Schieritz bei Zehren.
570. *__Klink__, W. J., 1865, Dresden.
571. *__Lehmann__, J. E., 1867, Dresden.
572. *__Bary__, J. R. A., 1864, Dresden.
573. *__Rietzschel__, F. A. R., 1864, Dresden.
574. *__Töpfer__, K. G. F., 1866, Dresden.
575. *__Vacheret__, C. Ch. M., 1867, Oberhammer bei Lauchhammer.
576. *__Opelt__, A., 1866, Dresden.
577. *__Kühn__, P. H., 1865, Dresden.
578. *__Wolf__, C. W., 1864, Deuben b. Dresden, aufgen. 2. Oct. C.
579. *__Dehne__, J. E., 1864, Milkel bei Bautzen, aufgen. 2. Oct.
580. *__Hennig__, F. P., 1863, Wermsdorf, aufgen. 2. Oct. C.
581. *__v. Karajan__, A. N., 1865, Dresden, aufgen. 2. Oct.
582. *__Bach__, H. J. F., 1864, Wien, aufgen. 6. Oct.
583. *__Zimmermann__, H. J., 1864, Dahlen, aufgen. 1. Febr. A.

---

584. __Barth__, F. M. P., 1863, Dresden, abgeg. 15. Juli. (578.)
585. __Dörr__, W. O. H., 1865, Dresden, abgeg. 22. Sept.
586. *__Hildebrand__, P. A. G., 1863, Berlin, abgeg. 22. Sept.
587. *__Wünsche__, A. B., 1865, Dittelsdorf, abgeg. 23. Sept.

Nach schwerer Krankheit, welche ihn seit Ende Januar 1876 von der Schule fern gehalten hatte, verschied zu Leipzig am 29. September 1876 (seinem 17. Geburtstage) der Schüler der Untersecunda B Otto Krömer. Die Schule hat dem Dahingeschiedenen das Zeugniss zu geben, dass er nach seinem Verhalten wie durch seinen Fleiss das beste Lob verdiente und seinen Leistungen nach zu schönen Hoffnungen berechtigte. Lehrer und Mitschüler werden ihm ein ehrendes Angedenken bewahren.

Am Schluss des vorigen Schuljahres gingen folgende 29 Schüler ab, und zwar aus den Klassen:

I^b A: __Seyy__, E. R., 1854, Dresden, (88.)
I^b B: __v. Stalewski__, C., 1855, Simbirsk. (105.)
II^a A: __Leiblin__, F. B., 1855, Kamenz. (118.)
__Neumann__, J. B., 1858, Putzkau. A. (122.)
II^a B: __Reinhardt__, P., 1858, Wilsdruff. (136.)
__Leuthold__, H., 1855, Dippoldiswalde. (144.)
__Brühl__, L. A., 1858, Warschau. (145.)
__Keckel__, A. L. E., 1860, Nossen. (149.)
II^b B: __Engelmann__, H., 1859, Prossnitz bei Ollmütz. (202.)
__Rose__, F. P., 1860, Auerbach b. Zwickau. (203.)
__Harless__, R. G., 1861, München. (211.)
III^a A: __Manitius__, F. W., 1857, Dresden. (238.)
__v. Biedermann__, P. W., 1858, Chemnitz. (241.)
__v. Zedlitz-Neukirch__, E. G., 1861, Tiefhartmannsdorf, Kr. Schönau i. Schlesien. (242.)
__v. Zedlitz-Neukirch__, G. H., 1863, Tiefhartmannsdorf, Kr. Schönau i. Schlesien. (243.)
__Böhme__, F. F. J., 1859, Dresden. (256.)
III^a B: __Ernst__, F. W. G. P., 1860, Dresden. (296.)
III^b A: __Thümler__, G. E., 1860, Dresden. (316.)
__Richter__, F. W., 1860, St. Weblen. (334.)
III^b B: __Wolf__, C. G., 1863, Dresden. (355.)
__Austerlitz__, R., 1862, Prag. (380.)
IV A: __Böhmert__, C. G. P., 1862, Dresden. (387.)
IV B: __Kunze__, R. J., 1861, Mittweida. (440.)
__Böhmert__, K. W., 1862, Bremen. (443.)
__Sieber__, H. R., 1859, Dresden. (458.)
__Barthel__, O. B., 1862, Zauckerode. (461.)
V A: __Büttner-Wobst__, F. H. J., 1863, Dresden. (493.)
__Ruschpler__, M. H. A., 1863, Dresden. (495.)
V B: __Beyer__, F. R., 1862, Dresden. (512.)

Im Februar d. J. betrug die Zahl der Schüler 555, welche sich auf die einzelnen Klassen in folgender Weise vertheilten: I^a A: 34, I B: 29, I^b A: 20, II^a A: 25, II^a B: 25, II^b A: 35, II^b B: 32, III^a A: 35, III^a B: 36, III^b A: 40, III^b B: 40, IV A: 42, IV B: 40, V A: 40, V B: 40, VI: 42. Der Schülerbestand war zu Ostern 1876: 569 (zugleich das Maximum im Schuljahre), zu Michaelis 560.

D. Abgang nach den Maturitätsprüfungen.

Am Schlusse des Sommersemesters fanden die schriftlichen Reifeprüfungen vom 4. bis 9. September, die mündlichen unter Vorsitz des Herrn Geheimen Rathes Dr. Gilbert als Königl. Commissars am 11. September statt. Es unterzogen sich denselben drei Oberprimaner der Abtheilung A und einer aus der Abtheilung B:

Lehmann, Paul Oswald, geboren zu Liebstadt d. 25. Januar 1854, aufgenommen Ostern 1868. Censuren im Betragen I, in den Kenntnissen III. Erklärte die Absicht, zum Oekonomiefach überzugehen.

v. Dambrowski, Iwan, geb. zu Riga d. 9. Juli 1856, aufgen. d. 2. October 1871. Censuren im Betragen I[b], in den Kenntnissen III[a]. Studium: Theologie.

Kretzschmar, Otto Wilhelm, geb. zu Grimma d. 10. Februar 1858, aufgen. den 7. October 1867. Censuren im Betragen I[b], in den Kenntnissen III. Studium: Jura.

Kohlemann, Friedrich Otto, geb. zu Rötha bei Leipzig d. 5. Juni 1855, aufgen. Ostern 1869. Censuren im Betragen II[a], in den Kenntnissen III. Beabsichtigte zum Postfach überzugehen.

Die Oster-Maturitätsprüfungen begannen mit den schriftlichen Arbeiten vom 19—24. Februar, woran sich die mündlichen Prüfungen unter Vorsitz des Rectors als Königl. Commissars am 8., 9. und 10. März schlossen. Es unterzogen sich denselben 43 Oberprimaner, von denen 3 nach der schriftlichen Prüfung zurücktraten. Von den übrigen erhielten 38 das Zeugniss der Reife für die akademischen Studien mit folgenden Censuren:

Klassen-Abtheilung	Name.	Censuren. Betragen.	Censuren. Kenntnisse.	Studium.
A	Neupert, Albert, geboren zu Dresden d. 22. März 1857, aufgenommen Ostern 1870.	I.	I[b].	Philologie.
B	Manitz, Arno, geb. zu Borna d. 29. Juni 1856, aufgen. Ostern 1870.	I.	I[b].	Jura.
A	Volker, Carl Friedrich Wilhelm, geb. zu Schneeberg d. 2. Februar 1858, aufgen. Ostern 1871.	I.	I[b].	Jura u. Cameralia.
B	Koch, Emil Franz Robert, geb. zu Dresden d. 18. Juni 1857, aufgen. Ostern 1871.	I.	II[a].	Philologie und Geschichte.
A	v. Langsdorff, Karl Wilhelm Georg, geb. zu Karlsruhe d. 21. Januar 1859, aufgen. d. 6. October 1873.	I.	II[a].	Theologie.
„	Worbes, Wilhelm Hermann Julius Ludwig August, geb. zu Dresden d. 19. October 1856, aufgen. Ostern 1868.	I.	II[a].	Theologie.
B	Voigt, Friedrich Adolph, geb. zu Frohburg d. 12. Februar 1857, aufgen. Ostern 1871.	I.	II.	Philologie.
A	Braust, Robert Oscar, geb. zu Dresden d. 8. August 1856, aufgen. Ostern 1869.	I.	II[b].	Jura u. Cameralia.
„	Mehnert, Georg Herman, geb. zu Dresden d. 5. August 1857, aufgen. Ostern 1868.	I.	II[b].	Philologie und Geschichte.
B	Poland, Franz Joseph Friedrich August Ludwig, geb. zu Pirna d. 25. August 1857, aufgen. Ostern 1872.	I.	II.	Philologie.
A	Carl, Johannes Richard, geb. zu Dresden d. 22. Juni 1856, aufgen. Ostern 1869.	I.	II[b].	Philologie.
„	Seifert, Hugo Paul, geb. zu Dresden d. 29. März 1857, aufgen. Ostern 1869.	I.	III[a].	Medicin.
B	Klinger, Bernhard Wilhelm, geb. zu Börnichen bei Oederan d. 27. August 1856, aufgen. Ostern 1869.	I.	II[b].	Jura.
A	Hecker, Otto Curt, geb. zu Dresden d. 12. September 1857, aufgen. d. 3. October 1870.	I.	II.	Jura u. Cameralia.

Klassen-Abtheilung	Name.	Censuren. Betragen.	Kenntnisse.	Studium.
A	Hallbauer, Anton Johannes, geb. zu Leipzig den 20. April 1856, aufgen. Ostern 1869.	II.	III^{a}.	Jura.
B	Reppchen, Max Robert Léonce, geb. zu Dohna d. 15. November 1857, aufgen. Ostern 1870.	I.	II^{b}.	Jura.
A	Vietor, Georg Julius Carl, geb. zu Perleberg d. 16. Januar 1858, aufgen. d. 5. October 1868.	I.	II^{b}.	Medicin.
„	Müller, Johannes, geb. zu Bärenstein bei Lauenstein d. 26. Januar 1855, aufgen. Ostern 1868.	I.	III.	Theologie.
B	Gäbler, Johannes Moritz, geb. zu Dresden d. 23. November 1857, aufgen. Ostern 1869.	II.	III^{a}.	Jura.
A	Finsterbusch, Otto, geb. zu Colditz d. 29. August 1857, aufgen. Ostern 1870.	I.	II^{b}.	Mathematik u. Naturwissenschaft.
„	Springer, Adolf, geb. zu Neidenburg in Ost-Preussen d. 1. September 1858, aufgen. d. 6. Mai 1873.	I.	II.	Medicin.
„	Schneider, Franz Bernhard Heinrich, geb. zu Bischofswerda d. 9. Januar 1855, aufgen. Ostern 1868.	I.	III^{a}.	Medicin.
„	Müller, Clemens Maximilian, geb. zu Leipzig d. 26. Februar 1856, aufgen. Ostern 1872.	I.	III^{a}.	Musik.
B	Naundorff, Ewald Julius, geb. zu Schneeberg d. 12. Juli 1857, aufgen. den 5. October 1868.	I.	II^{b}.	Jura.
A	v. Arnim, Friedrich Heinrich Freiherr, geb zu Dresden d. 17. November 1859, aufgen. Ostern 1872.	I.	II^{b}.	Jura u. Cameralia.
„	Schäfer, Julius Gustav Curt, geb. zu Rothenburg in der O.-L. d. 28. Juni 1857, aufgen. Ostern 1876.	I.	II.	Philologie.
B	Fickert, Georg Volkmar, geb. zu Dresden d. 5. December 1858, aufgen. Ostern 1873.	I.	II^{b}.	Medicin.
A	Lauterbach, Albin Hermann, geb. zu Dresden d. 30. Juni 1858, aufgen. Ostern 1871.	I.	III^{a}.	Jura.
„	Winkler, Theodor Emil, geb. zu Kl.-Naundorf bei Dresden d. 27. Juli 1856, aufgen. Ostern 1871.	I.	III.	Jura.
B	Hahn, Robert Johannes, geb. zu Dresden d. 17. Februar 1858, aufgen. Ostern 1872.	I.	III.	Medicin.
A	Reiche-Eisenstuck, Max, geb. zu Annaberg d. 11. Februar 1857, aufgen. Ostern 1871.	II.	III^{a}.	Jura.
„	Hölemann, Emil, geb. zu Pirna d. 19. November 1856, aufgen. d. 1. Mai 1871.	I.	III^{a}.	Medicin und Naturwissenschaft.
A	Flade, Ernst Hugo, geb. zu Berthelsdorf bei Freiberg d. 15. März 1855, aufgen. Ostern 1874.	I.	III.	Jura.
„	Birkner, Emil Otto, geb. zu Dresden d. 4. Mai 1855, aufgen. Ostern 1866.	I.	III.	Jura.
B	Urban, Johann Gottlieb, geb. zu Bergen auf Rügen d. 16. Januar 1858, aufgen. d. 1. Juni 1869.	I.	III^{a}.	Medicin.
„	Schwendler, Hans, geb. zu Dresden d. 28. November 1856, aufgen. Ostern 1867.	I.	III$_{a}$.	Medicin und Naturwissenschaft.

Klassen-Abtheilung	Name.	Censuren.		Studium.
		Betragen.	Kenntnisse.	
A	Klopfleisch, Leberecht Eduard, geb. zu Dresden d. 24. December 1858, aufgen. Ostern 1868.	I.	III^a.	Medicin.
„	v. Strecaloff, Stephan, geb. zu Moskau d. 6. Juni n. St. 1857, aufgen. Ostern 1869.	I.	III.	Medicin.

Die Gesammtzahl der im verflossenen Schuljahre mit Reifezeugniss Entlassenen beläuft sich demnach auf 42.

V. Freistellen, Stipendien und Prämien.

Im Genusse von ganzen städtischen Freistellen (deren Inhaber durch * bezeichnet sind) oder von dergleichen halben, standen folgende Schüler:

I^a A: Albert Neupert,
August Worbes,
Paul Seifert,
*Eduard Klopfleisch,
I^a B: *Arno Manitz,
Johannes Gäbler,
Johannes Hahn,
I^b A: *Otto Stange,
*Hans Spiess,
I^b B: Volkmar Estel,
*Franz Grengel,
II^a A: Curt Pietsch,
II^a B: *Paul Wagler,
*Arndt Pöhlmann,
Mario Levy,
II^b A: Richard Hildebrandt,
Robert Ritter (bis 30. Sept.),
Martin Dähne,
II^b B: *Gustav Böhme,
III^a A: Gustav Rosenhagen (seit 1. Oct.),
*Johannes Klopfleisch,
Georg Standfuss,
*Theodor Klemm (bis 31. Januar),
Rudolf Pfotenhauer (seit 1. Febr.),
III^a B: *Bernhard Hubert (seit 1. Febr., vorher halbe),
Eugen Horrmann (seit 1. Oct.),
Georg Krause,
Edmund Tetzner (bis 30. Sept.),
Camillo Feller,
*Martin Hölemann,
III^b A: Gustav Baum,
Hans Unger,
Otto Berger,
*Otto Kretzschmar,
III^b B: Bruno Judeich (seit 1. Juli),
Richard Gross,
Otto Immisch,
Julius Schneider,
IV A: *Paul Gnauck,
Oscar Leplatoni.

Ganze Freistellen der Augustastiftung wurden ertheilt den Schülern Otto Finsterbusch, Adolf Springer und Emil Birkner in I^a A, Adolph Stichel in I^a B, Oskar Enderlein in I^b A, Otto Sieber in II^a A, Karl Kretzschmar in II^a B, Johannes Seifert in II^b B, Paul Wengler und Ludwig Ladeburg in III^a A, desgleichen halbe Freistellen Paul Flade in II^b A, Max Thomas und Curt Rollfuss in III^a A, Paul Zimmermann in III^a B, Theodor Kretzschmar in III^b A.

Ferner wurde gewährt das volle Schulgeld aus der Meyer'schen Stiftung an Emil Koch in I^a B und Curt Walther in II^b B, aus der Gehe'schen Stiftung an Rudolf Göhler in III^b A; theilweiser Erlass des Schulgeldes aus der Winkler'schen Stiftung an Johannes Walther in III^a B, aus der Stiftung eines Ungenannten an Karl Töpfer in VI, aus der Raspe'schen Stiftung an Johannes Jäckel und Rudolf Dietrich in V A.

Die für das Jahr 1876 verfügbaren Zinsen aus der Weddestiftung erhielt auf Vorschlag des Lehrercollegiums und mit Genehmigung der Stifterin Frau verw. Wedde am 10. Januar 1877 der Schüler der Oberprima B Emil Koch.

Die im Jahre 1875 fälligen Zinsen der Ehrtstiftung erhielt am 25. April vorigen Jahres unter Hinweisung auf den 10. April, als den Todestag des Stifters, der Schüler der Untersecunda B Gustav Böhme.

Die Zinsen der Voland'schen Stiftung erhielt am Schluss des Schuljahres der Schüler der Obertertia B Bernhard Hubert.

Unter den zu Ostern 1876 abgegangenen Crucianern erhielten: den Ehrenpreis aus der Stiftung eines Ungenannten Herr stud. philol. Gustav Wilhelm Eichler, das Stipendium aus der Crucianerstiftung Herr stud. med. Gustav Arthur Roch, das Fiedler'sche Stipendium Herr stud. theol. Alfred Fritz Lindner, die Hauff'schen Viatica die Herren stud. philol. Traugott Franz Friedrich Palm und stud. theol. Johannes Martin Walther.

Die Just'schen Stipendien auf die Jahre 1876 und 1877 wurden verliehen den zu Ostern 1874 abgegangenen Crucianern Herrn stud. jur. Paul Guido Alexander Schulze und Herrn stud. jur. Franz Robert Böhme.

Aus den Zinsen der Gröbelstiftung erhielten stiftungsgemäss am 22. December vorigen Jahres zum ehrenden Gedächtniss an den Rector Gröbel (geb. den 23. December 1783) die Unterprimaner Martin Schulze, Franz Otto, Johannes Grosse, Paul Petzholdt und Volkmar Estel Bücher als Prämien.

Aus den Weise'schen, Müller'schen, Sperling'schen und Fiedler'schen Legaten, sowie aus der Wagnerstiftung werden am 19. März als dem Geburtstage des Conrector Dr. Wagner Bücherprämien vertheilt werden an Max Roch und Emil Schleinitz, II^a A, Richard Wagner und Theodor Bretschneider, II^a B, Richard Hildebrandt, II^b A, Gustav Böhme und Richard Grundmann, II^b B, Richard Böttger und Georg Frühling, III^a A, Alfred Körner, III^a B, Richard Rose, III^b A, Otto Immisch, III^b B, Curt Lehmann, IV A, Johannes Muntschick, IV B, Richard Kockel, V A, Alfred Trautmann, V B, Max Werner, VI.

Von dem Güldemann'schen Legate werden bei ihrem Abgang von der Schule Bücherprämien erhalten die Abiturienten Albert Neupert, Arno Manitz, Carl Volker, Emil Koch, Wilhelm v. Langsdorff, August Worbes, Georg Mehnert, Franz Poland, Curt Hecker, Otto Finsterbusch.

Die für die Alumnen und Currendaner ausgesetzten Legatenzinsen, sowie die für dieselben aus anderen Stiftungen angeschafften Bücher wurden am 21. November 1876 von dem Rector und dem Regens Herrn Dr. Oehmichen zur Vertheilung gebracht.

Durch die gütige Vermittelung des Herrn Director Prof. Dr. Kloss erhielten im vergangenen Sommer die Alumnen Johannes Müller, Armin Hartenstein und Martin Leonhardi unentgeltlichen Schwimmunterricht.

Behufs weiterer Vermehrung des Capitales der Kleestiftung, über deren Begründung im vorigen Programm S. 43 berichtet worden ist, wurden auch im verflossenen Winterhalbjahre Vorträge von Mitgliedern des Lehrercollegiums abgehalten. Dieselben erfreuten sich einer zahlreichen Betheiligung und ergaben einen Reingewinn von nahezu 650 Mark. Seiten der städtischen Behörden wurde wiederum die Aula der Schule hierzu gütigst überlassen, und ist ausserdem der Eingang freiwilliger Beiträge der Herren Oberbürgermeister Comthur Pfotenhauer und Dr. med. Hübler mit aufrichtigem Danke zu erwähnen.

Die öffentliche Feier der Entlassung

der nach bestandener Reifeprüfung abgehenden Schüler wird in der Aula

Dienstag am 20. März Vormittags 10 Uhr

in folgender Ordnung stattfinden.

Gesang des Singechores.
Vorträge der abgehenden Schüler.

Franz Poland. Welchen Ursachen verdankte die Beredtsamkeit der Alten ihre hohe Blüthe? Lateinischer Vortrag.

Karl Volker. Sokrates und seine Schüler. Griechischer Vortrag.

Karl Vietor. Goethe in Italien. Deutscher Vortrag.

Georg Mehnert. L'étude ne suffit pas pour développer les germes du talent original. Französischer Vortrag.

Albert Neupert. Abschied von der Schule. Lateinisches Gedicht, welches im Namen der Zurückbleibenden von

Ernst Landesmann beantwortet wird.

Entlassung der Abgehenden durch den Rector.
Schlussgesang des Singechores.

Die öffentlichen Prüfungen

werden am 21. und 22. März, und zwar für die Klassen Sexta, Quinta, Quarta und Untertertia in der Aula, für die übrigen Klassen im Gesangsaale (3. Etage) in folgender Ordnung abgehalten werden:

Mittwoch, am 21. März.

Vormittag von 9 bis 12 Uhr.

Aula.

Motette, gesungen vom Singechor.

Sexta.	Religionslehre . . .	Eckhart.
	Lateinisch	Franz.
Quinta B.	Lateinisch . . .	Sperling.
Quarta A.	Geographie . .	Urbach.

Gesangsaal.

Obertertia A.	Religionslehre	Grundt.
	Xenophon. .	Weidenbach.
Obertertia B.	Cicero . . .	Oehmichen.
Untersecunda A.	Geschichte	Meltzer.

Nachmittag von 3 bis 5¼ Uhr.

Quinta A.	Lateinisch. . .	Uhle.
Quarta B.	Französisch . .	Franz.
	Lateinisch. . .	Boxberger.

Untersecunda B.	Xenophon .	Neissner.
	Geometrie .	Abendroth.
Obersecunda A.	Herodot .	Meltzer.

Donnerstag am 22. März.

Vormittag von 9 bis 12 Uhr.

Aula.

Untertertia B.	Lateinisch . .	Richter.
	Naturgeschichte	Lodny.
Untertertia A.	Caesar . . .	Manitius.
	Geometrie . .	Heger.

Gesangsaal.

Motette, gesungen vom Singechor.

Obersecunda B.	Sallustius . .	Uhle.
Unterprima B.	Sophokles . .	Wohlrab.
Unterprima A.	Tacitus. . .	Wimmer.
	Physik . . .	Abendroth.

Hieran schliesst sich Nachmittags drei Uhr die nichtöffentliche Translocation und Censurverlesung in der Aula, worauf in den einzelnen Auditorien die Semester-Zeugnisse, nach specieller Besprechung der einzelnen Censuren, durch die Herren Klassenlehrer den Schülern ausgehändigt werden. Die Zeugnisse sind nach den Ferien **mit der Unterschrift** der Aeltern oder deren Stellvertreter wieder vorzulegen.

Nachrichten für das Schuljahr 1877—1878.

Der neue Lehrcursus beginnt Dienstag am 10. April früh 8 Uhr.

Die persönliche Vorstellung der für das bevorstehende Schuljahr Angemeldeten und die Einreichung der Oster-Schulzeugnisse, bez. Abgangszeugnisse, wird der Unterzeichnete am 6. und 7. April Vorm. 9—12 Uhr im Rectoratszimmer entgegen nehmen. An denselben Tagen und zwar bis spätestens den 7. April Mittags 12 Uhr wird auch die Einreichung der anderweitigen Zeugnisse, welche einzelne Schüler aus besonderen Gründen bei der Anmeldung noch nicht beibringen konnten, unter dem Hinweis erbeten, dass im Unterlassungsfalle die Anmeldung zu Gunsten anderer Aspiranten als zurückgenommen erachtet werden muss.

Durch die früher erfolgten Anmeldungen sind bereits im October vorigen Jahres die zu Ostern frei werdenden Plätze besetzt worden. Sollten durch ausserordentlichen Abgang noch einige Plätze zur Erledigung kommen, so werden Anmeldungen für dieselben am 6. und 7. April, soweit als thunlich, berücksichtigt werden. Vormerkungen sind für Quinta 1, für Quarta 8, für Untertertia 8, für Obertertia 2 eingetragen; die betreffenden Aspiranten werden bei ihrem Erscheinen am 6. April präcis 9 Uhr, soweit als Plätze frei sein sollten, zunächst und nach der Reihe der Vormerkliste Berücksichtigung finden.

Die Prüfung der Angemeldeten findet Montag am 9. April früh von 8 Uhr an statt; die Aufnahme wird am Tage darauf nach Beendigung der allgemeinen Andacht in der Aula erfolgen.

Anmeldungen für den Wintercursus

werden, **soweit durch Abgang Plätze zur Erledigung kommen,** vom 15. Mai bis 20. Juli und vom 20. bis 31. August in den Sprechstunden, ausserdem am 8. October von 8—10 Uhr entgegengenommen. Die Prüfung der Angemeldeten wird am 8. October von Vormittags 10 Uhr an stattfinden.

Folgende Lehrbücher*) und Ausgaben sind für das Schuljahr 1877—78 eingeführt:

Sexta: Sprüche der heiligen Schrift, herausgegeben vom pädagogischen Verein zu Dresden (Joh. Päsler); Dresdner Gesangbuch; Echtermeyer, Auswahl deutscher Gedichte, bearb. von Masius, 21. Aufl.; Masius, deutsches Lesebuch für höhere Unterrichtsanstalten, I. Theil,

*) Die Entscheidung über die Einführung eines Lehrbuches für den französischen Unterricht in Quinta und Quarta liegt zur Zeit noch der obersten Schulbehörde vor. Es wird daher die bezügliche Bekanntmachung später durch Anschlag erfolgen.

7. Aufl.; Ellendt-Seyffert, Lateinische Grammatik, 17. Aufl.; Spiess, Uebungsbuch zum Uebersetzen aus dem Lateinischen u. s. w., Abth. für Sexta, 41. Aufl.; Schäfer, Geschichtstabellen, 13. Aufl.; Rhode, Historischer Schulatlas; von Sydow oder Kiepert, Atlas der neueren Geographie; W. Pütz, Leitfaden beim Unterrichte in der vergleichenden Erdbeschreibung, 15. Aufl.

Quinta: Dieselben Bücher wie in Sexta; nur von Spiess Uebungsbuch die Abtheilung für Quinta; 21. Aufl. Ausserdem Kurtz, Biblische Geschichte, Lennis, Schulnaturgeschichte, 1. und 2. Theil, 7. Aufl.

Quarta: Sprüche der heil. Schrift; Gesangbuch; Echtermeyer wie in Sexta; Masius, Deutsches Lesebuch für höhere Unterrichts-Anstalten, 2. Theil, 5. Aufl.; Ellendt-Seyffert, Lateinische Grammatik, 17. Aufl.; Weller, Erzählungen aus Herodot, 13. Aufl.; Ostermann, Uebungsbuch zum Uebersetzen u. s. w., Abtheilung für Quarta, 9. Aufl.; Uhle, Griechische Elementargrammatik; Wesener, Griechisches Elementarbuch, 1. Theil, 5. Aufl.; Büchsenschütz, Griechisches Lesebuch, 2. Aufl.; Körting, Französische Grammatik, und 2. Theil des dazu gehörigen Uebungsbuches; Lehrbücher für den geschichtlichen und geographischen Unterricht und Atlanten wie in Sexta.

Untertertia: Gesangbuch, Bibel; Masius, Deutsches Lesebuch; Echtermeyer, Gedichtsammlung, Lateinische Grammatik wie in Quarta; Ostermann, Uebungsbuch u. s. w., Abtheilung für Untertertia, 6. Aufl.; Caesar, bell. Gall. (Ausg. mit erklärenden Anmerkungen von Kraner-Dittenberger, 9. Aufl.; oder Textausgabe von Kraner); Siebelis, Tirocinium poeticum, 10. Aufl.; Uhle, Griechische Elementargrammatik; Wesener, Griechisches Elementarbuch, 2. Theil, 3. Aufl.; Halm, Griechisches Lesebuch, 7. Aufl.; Körting, Französische Grammatik, und 2. Theil des Uebungsbuches; Baltzer, Elemente, 1. und 2. Theil, 5. und 4. Aufl.*); Heis, Sammlung von Beispielen und Aufgaben aus der allgemeinen Arithmetik und Algebra, 42. Aufl.**); Lennis, Schulnaturgeschichte, 2. Theil, 8. Aufl.; Ploetz, Auszug aus der alten, mittleren und neueren Geschichte, 5. Aufl.; Schäfer, Geschichtstabellen, 13. Aufl.; die unter Sexta aufgeführten Atlanten von Rhode und von Sydow oder Kiepert; Pütz, Leitfaden beim Unterricht in der vergleichenden Erdbeschreibung, 15. Aufl.

Obertertia: Gesangbuch, Bibel; Echtermeyer, Gedichtsammlung; Schillers Gedichte; Ellendt-Seyffert, Latein. Grammatik; Caesar, bell. Gall. (Ausgaben wie in Untertertia), und bell. civile (Ausgabe von Hofmann, 6. Aufl.; oder Textausgabe von Kraner); Ovidius, Metamorphosen (Ausg. von Haupt, 5. Aufl.. oder Textausgabe von Merkel, oder Auswahl für Schulen von Siebelis-Polle, 8. und 7. Aufl.); zum mündlichen Uebersetzen in Abtheilung B: Haacke, Aufgaben zum Uebersetzen ins Lateinische, 2. Theil, 8. Aufl.; Curtius, Griechische Schulgrammatik, 11. Aufl.*); Halm, Griech. Elementarbuch, Etymologie, 2. Cursus, 11. Aufl.; Xenophon, Anabasis (Textausgabe von L. Dindorf); Homer, Odyssee (Ausg. von Fäsi-Kayser, 6. u. 5. Aufl., oder von Ameis, 5. Aufl.); Körting, Französische Grammatik, und 2. Theil des Uebungsbuches; Baltzer, Elemente 1. u. 2. Theil; Heis, Aufgaben u. s. w.; Ploetz, Auszug aus der alten, mittleren und neueren Geschichte, 5. Aufl.; Schäfer, Geschichtstabellen; Pütz, Leitfaden u. s. w.; die Atlanten der neueren Geographie von Sydow oder Kiepert, und des letzteren zwölf Karten zur alten Geschichte, 5. Aufl.

Untersecunda: Gesangbuch, Bibel; Schiller, Jungfrau von Orleans; Nibelungenlied, herausgeg. von Bartsch, 3. Aufl.; Ellendt-Seyffert, Latein. Grammatik; Cicero, Catilinarische Reden (Ausg. von Halm, 9. Aufl.) und Cato maior (Ausg. von Sommerbrodt, 7. Aufl.); Ovidius, Metamorphosen (Auswahl für Schulen von Siebelis-Polle, 8. und 7. Aufl., oder Textausgabe von Merkel); Curtius, Griech. Schulgrammatik; Seyffert, Uebungsbuch zum Uebersetzen aus dem Deutschen in das Griechische, 4. Aufl.; Xenophon, Anabasis (Textausgabe von L. Dindorf); Homer, Odyssee (Ausgaben wie in Obertertia); Körting, Französische Grammatik und 2. Theil des Uebungsbuches; Voltaire, Charles XII; Baltzer, Elemente, 1. und 2. Theil; Heis,

*) Von früheren Auflagen kann die dritte noch benutzt werden.

**) Die Benutzung älterer Auflagen als der fünfundzwanzigsten ist nicht gestattet.

*) Für die neu eintretenden, ingleichen für die nach Obertertia aufrückenden Schüler ist der Gebrauch der neunten oder der noch früheren Auflagen nicht zulässig. Für die übrigen Schüler mag der fortgesetzte Gebrauch der achten oder neunten Auflage, keinesfalls aber einer früheren, nachgesehen werden; jedoch ist auch diesen die Anschaffung der 10. oder 11., vielfach erweiterten und umgestalteten Auflage dringend zu empfehlen.

Aufgaben u. s. w.; Ploetz, Auszug u. s. w.; Geschichtstabellen und Atlanten wie in Obertertia.

Obersecunda: Gesangbuch, Bibel, Neues Testament im griechischen Urtext; Lessing, Minna von Barnhelm; Walther von der Vogelweide, Gedichte, herausgegeben von Pfeiffer, 4. Aufl.; Ellendt-Seyffert, Latein. Grammatik; Cicero, zweite Philippische Rede (Ausgabe von Halm, 5. Aufl.); Livius, 21. Buch (Ausg. von Weissenborn, Berlin, Weidmannsche Buchhandlung, 5. Aufl.); Vergilius, Aeneis (Ausg. von Wagner, Leipzig, Hahn, oder von Kappes); Curtius, Griech. Schulgrammatik; Lysias, ausgewählte Reden von Rauchenstein, 7. Aufl.; Herodot, 9. Buch (Ausg. von Stein, 3. Aufl., oder von Abicht, 2. Aufl.); Homer, Ilias und zwar für Abtheilung A Buch 1 fgg. (Ausg. von La Roche, Leipzig, Teubner, oder von Fäsi-Franke, 5. Aufl.), für Abth. B Buch 13 fgg. (Ausg. von La Roche); Grundt, Hebräische Elementargrammatik; Körting, Französische Grammatik; Scribe, Le verre d'eau (Ausg. im Théâtre français, publié par C. Schütz); Ploetz, Uebungen zur Erlernung der französischen Syntax, 3. Aufl.; Baltzer, Elemente, und Heis, Aufgaben, wie vorher; Müller, vierstellige Logarithmen, 2. Aufl.; Reis, Lehrbuch der Physik, 3. Aufl.; Ploetz, Auszug u. s. w., Geschichtstabellen und Atlanten wie in Obertertia.

Unterprima: Gesangbuch, Bibel, latein. und griech. Grammatik wie in Obersecunda; Lessing, Minna von Barnhelm; Cicero, Disput. Tuscul. (Ausg. von Tischer-Sorof, 6. Aufl.); Tacitus, dialogus de orat. (Textausgabe von Halm); Horatius, Oden (Textausgabe von Haupt, Meineke oder Luc. Müller; Schulausgabe mit erklärenden Anmerkungen von Nauck, 8. Aufl.); Demosthenes, Philippische Reden (obligatorisch eingeführt die Ausg. von Westermann-Müller, 7. Aufl.); Plato, Phädo (Ausg. von Wohlrab); Buchholz, Anthologie aus den Lyrikern der Griechen, 1. u. 2. Bändchen, 2. Aufl.; Euripides, Iphigenie in Tauris (Ausgabe von Köchly, 3. Aufl.); Codex des alten Testamentes; Grundt, hebräische Elementargrammatik (für die hebräischen Schüler); Guizot, Histoire de Charles I, édit. Schwalb, Essen; Baltzer, Heis, Müller, Reis wie in Obersecunda; Ploetz, Geschichtstabellen und Atlanten wie in Obertertia.

Vereinigte Nebenprima: Gesangbuch, Bibel, latein. und griech. Grammatik wie in Obersecunda; Goethe, Hermann und Dorothea, Gedichte Schillers; Cicero, pro Murena (Ausg. von Halm, 2. Aufl.); Tacitus, Germania (Ausg. von Schweizer-Sidler, 2. Aufl.), ab excessu divi Augusti, 2. Band (Ausg. von Nipperdey, 3. Aufl.); Horatius, Satiren und Episteln (Ausg. wie in Oberprima); Plato, Gorgias (Ausg. von Deuschle, 2. Aufl.), eventuell auch Demosthenes, Philippische Reden (Ausg. von Westermann-Müller, 7. Aufl.); Buchholz, Anthologie, 2. Theil; Sophokles, Antigone (Ausg. von Wolf, 2. Aufl.); Codex des alten Testaments; Grundt, Elementargrammatik (wie in Unterprima); Corneille, Cinna; Molière, Le Tartufe (Ausg. im Théâtre français, publié par C. Schütz); H. Breitinger, die Grundzüge der französischen Literatur- und Sprachgeschichte bis 1870, Zürich, Schulthess; Baltzer, Heis, Müller, Reis, Ploetz, Geschichtstabellen und Atlanten wie vorher.

Oberprima: Gesangbuch, Bibel, lateinische und griechische Grammatik wie in Obersecunda; Helbig, Grundriss der Geschichte der poetischen Literatur der Deutschen, 7. Aufl.; Goethe, Hermann und Dorothea; Gedichte Goethes und Schillers; Tacitus, Historiae (Ausgabe von Heraeus, 1. Band, oder Textausgabe von Halm); Cicero, Brutus (Ausg. von Jahn, 3. Aufl.); Horatius, Satiren und Episteln (Ausg. von Krüger, 7. Aufl.); Plato, Symposion (Ausg. von Hug); Thucydides, 2. Buch (Ausg. von Classen, 2. Aufl.); Sophokles, Philoktet und Antigone (Ausgabe von Schneidewin-Nauck, 7. Aufl.); Codex des alten Testamentes (für die hebräischen Schüler); Corneille, Cinna; Molière, Le Tartufe; Breitinger, Grundzüge u. s. w. (Ausgaben wie in Nebenprima); Baltzer, Heis, Müller, Reis, Ploetz, Geschichtstabellen und Atlanten wie vorher.

Für den englischen Unterricht sind eingeführt: für den III. Cursus: Kokemüller, Stories and Sketches, 1. Theil; Kade, Anleitung zum Uebersetzen ins Englische; für den II. Cursus: Dickens, the Chimes, Ausg. von Ahn; Kade, wie vorher; für den I. Cursus: Kokemüller, Stories and Sketches, 2. Theil; Plate, Englische Sprachlehre, 2. Theil.

Bei dem Unterricht in der Stenographie sind zu benutzen: a) für den I. (Elementar-) Cursus: Krieg, Lehrbuch der stenogr. Correspondenz- und Debattenschrift, 6. Aufl.; Krieg, Schreibhefte mit Vorschriften I und II, 5. Aufl.; b) für den II. (Fortbildungs-) Cursus: Krieg, Katechismus der Stenographie; „Echo", Beiblatt zum Correspondenzblatt des Kön. stenogr. Instituts.

Als **Wörterbücher** für den Schulgebrauch werden empfohlen das lateinisch-deutsche von **Georges** oder **Freund**; das deutsch-lateinische von **Georges** oder von **Forbiger**, das griechisch-deutsche Schulwörterbuch von **Benseler**, für die oberen Klassen das Handbuch der griechischen Sprache von **Pape**, 2. Aufl. von Sengebusch; das französisch-deutsche und deutsch-französische Wörterbuch von **Sachs** oder von **Schmidt**.

Das Schulgeld, welches durch den vom Stadtrath bestellten Einnehmer, Herrn Castellan Johne, allmonatlich in der Schule eingenommen wird, ist pünktlich **praenumerando** zu bezahlen. Bleibt die Zahlung für einen Monat rückständig, so hat nach Verordnung des Stadtrathes vom 4. Februar 1870 die Entlassung des betreffenden Schülers am Schlusse des nächstfolgenden Monats durch den Rector unnachsichtlich zu erfolgen. Auch die Entrichtung des monatlichen Kostgeldes seiten der **Alumnen** hat nach Rathsbeschluss vom 5. Februar 1877 **praenumerando** zu erfolgen, und ist im Falle eines Rückstandes von zwei Monaten gegen den Betreffenden die Entlassung vom Alumneum einzuleiten.

Nach Verordnung des Stadtraths vom 3. Februar 1877 ist von Ostern 1877 an von auswärtigen Schülern sämmtlicher Klassen, deren Aeltern zwar ausserhalb Dresdens wohnen, aber Dresdner Bürger sind, ein Zuschlag von 20%, von denjenigen aber, deren Aeltern weder in Dresden wohnen noch Dresdner Bürger sind, ein Zuschlag von 50% zu dem gewöhnlichen Schulgelde zu erheben. Es beträgt also das monatliche Schulgeld:

	für Söhne Dresdner Einwohner.	für Söhne Dresdner Bürger, welche ausserhalb des Stadtbezirkes wohnen.	für Söhne Auswärtiger, welche nicht Dresdner Bürger sind.
in Prima, Secunda u. Tertia	9 Mark — Pf.	10 Mark 80 Pf.	13 Mark 50 Pf.
in Quarta, Quinta u. Sexta	7 Mark 50 Pf.	9 Mark — Pf.	11 Mark 25 Pf.

Die Aufnahmegebühren sind zu 15 Mark angesetzt. Dieselben sind ebenso wie die Gebühren für Abgangszeugnisse (mit Ausschluss der Reifezeugnisse), welche 6 Mark für Primaner und Secundaner, 3 Mark für Tertianer und Quartaner, 2 Mark für Quintaner und Sextaner betragen, desgleichen die Gebühren bei Aufnahme in das Alumneum (39 Mark) an den Castellan einzuzahlen.

Schüler, welche die Schule verlassen wollen, sind durch ihre Eltern oder deren Stellvertreter schriftlich oder mündlich beim Rector abzumelden, und ist nach Verordnung des Stadtrathes vom 26. October 1869 für dieselben in jedem Falle **das volle Schulgeld auf den Monat, in welchem die Abmeldung erfolgt,** zu zahlen.

Die Ausstellung der Abgangszeugnisse für Schüler, welche inmitten des Sommer- oder Wintersemesters abgehen, kann wegen der Feststellung der Censuren in der Regel erst 14 Tage nach dem Abgange, bez. nach dem Ansuchen um Ertheilung eines Zeugnisses, erfolgen.

Die Sprechstunden des Rectors

sind mit Ausnahme der Sonn- und Feiertage, der Ferien und der durch Conferenzen oder andere ausserordentliche Amtsgeschäfte besetzten Stunden **täglich von 10—11 Uhr.**

Bekanntmachung.

Anmeldungen zur Aufnahme in die Kreuzschule für das Schuljahr 1878—79 werden von dem Unterzeichneten

für Prima, Secunda, Tertia und Quarta am 15. October 1877 Vorm. 10—12 Uhr,

für Quinta und Sexta am 16. October Vorm. 10—12 Uhr,

ausserdem für alle Klassen, soweit noch Plätze vorhanden sein werden, vom 17. October an während der Sprechstunde von 10—11 Uhr im Rectoratszimmer entgegengenommen.

Die **Anmeldelisten** werden für jede Klasse gesondert geführt und, sobald in einer Klasse die Zahl der voraussichtlich zur Erledigung kommenden Plätze erfüllt ist, für diese Klasse, jedenfalls aber am 15. Februar 1878 geschlossen.

Während dieses **ersten Termines** können nur **Söhne hiesiger Einwohner** zur Aufnahme **eingetragen** werden.

Die Zahl der in der Regel zur Erledigung kommenden Plätze beläuft sich für Sexta auf 35, für Quinta auf 30, für Quarta, Untertertia, Obertertia und Untersecunda auf je 6. Es ist daher nur zu Anfang des ersten Termins mit einiger Sicherheit darauf zu rechnen, dass die Anmeldungen Berücksichtigung finden können.

Insoweit nach den Ergebnissen der Osterversetzung noch einige Plätze zur Erledigung kommen sollten, ist ein **zweiter Termin** für Freitag und Sonnabend vor Quasimodogeniti Vorm. 9—12 Uhr angesetzt. An diesen Tagen können auch die Söhne Auswärtiger, soweit Platz vorhanden sein sollte, Berücksichtigung finden.

Bei der Anmeldung im ersten Termine ist die Einreichung

eines Tauf- oder Geburtsscheines,

der Bescheinigungen über erste, bez. über wiederholte Impfung,

sowie der Nachweis

über das erfüllte Unterrichtspensum,

für Confirmirte auch die Beibringung

eines Confirmationsscheines

erforderlich. Die persönliche Vorstellung der Recipienden hat, wenn sie nicht schon früher erfolgt ist, im zweiten Termine stattzufinden, zu welchem auch das Ostern 1878 fällige Schulzeugniss, bez. Abgangszeugniss einzureichen ist. Im Unterlassungsfalle wird die Anmeldung zu Gunsten anderer Aspiranten als zurückgenommen erachtet.

In die letzte Klasse werden Knaben vom vollendeten neunten Lebensjahre an aufgenommen, welche die erste Bekanntschaft mit der biblischen Geschichte Alten und Neuen Testamentes und den Anfangsgründen der Geographie sich angeeignet haben, ferner im Deutschen zu fertigem Lesen, zu leserlichem Schreiben unter Vermeidung grober orthographischer Fehler und zur Fähigkeit, eine leichte Erzählung mündlich wiederzugeben, endlich im Rechnen in den vier Species mit ganzen und benannten Zahlen so weit gekommen sind, dass sie mit Sicherheit vierstellige Zahlen addiren und subtrahiren, vierstellige mit zweistelligen multipliciren und vierstellige durch einstellige dividiren können. Eine Bekanntschaft mit den Elementen der lateinischen Sprache wird zur Aufnahme in diese Klasse nicht verlangt. Der Stand der Kenntnisse, welche für die Aufnahme in die übrigen Klassen erforderlich sind, geht im allgemeinen aus der Uebersicht über den im letzten Schuljahre ertheilten Unterricht hervor. Im Griechischen wird für Untertertia die Bekanntschaft mit der Conjugation der Muta-Stämme, und für Obertertia der Abschluss der attischen Formenlehre vorausgesetzt.

Ueber die Thunlichkeit der Aufnahme in diejenige Klasse, für welche die Anmeldung erfolgt ist, entscheidet das Lehrercollegium nach den Ergebnissen der Montag nach Quasimodogeniti von Vorm. 8 Uhr an abzuhaltenden Receptionsprüfung.

Prof. Dr. **Friedrich Hultsch,**
Rector.

www.ingramcontent.com/pod-product-compliance
Lightning Source LLC
Chambersburg PA
CBHW031751090426
42739CB00008B/964
9783337413491